Hiddensee

Eine Insel für jede Jahreszeit

Hans-Christof Wächter / Heinz Teufel / Ellert & Richter Verlag

Autor/Bildnachweis/Impressum

Hans-Christof Wächter, geb. 1940, studierte Theaterwissenschaften, Germanistik und Kunstgeschichte in Berlin und Köln, wo er zum Dr. phil. promovierte. Er arbeitete als Dramaturg und Regisseur an verschiedenen westdeutschen Bühnen, zuletzt bis 1981 als Schauspieldirektor in Kiel. Seitdem freier Regisseur, Journalist und Autor. Veröffentlichungen u. a.: „Theater im Exil. Sozialgeschichte des deutschen Exiltheaters 1933–1945", München 1973, „Nemo im Traumland", ein Stück für Kinder, Frankfurt/M. 1982, mehrere Hörspiele für RIAS Berlin und den Saarländischen Rundfunk. Im Ellert & Richter Verlag erschienen seine Bücher „Usedom" und „Schönes Berlin".

Heinz Teufel, geb. 1949, Studium an der Fachhochschule für Gestaltung in Kiel. Tätig als Landschaftsgestalter, Bildhauer und Fotograf. Zahlreiche Ausstellungen und Veröffentlichungen, u. a. in „GEO", „Merian" und „Saison". Im Ellert & Richter Verlag sind von ihm folgende Titel lieferbar: „Auf Noldes Spuren", „Sylt", „Noldes Landschaft", „Monets Garten" und „Usedom".

Titelabbildung:
Gerhart-Hauptmann-Gedächtnisstätte

Farbfotografie:
Heinz Teufel, Eckernförde
S/W-Fotos:
Kurt Dittmann, Kloster/Hiddensee: S. 9, 17, 18, 39, 40/41, 55, 80/81, 90, 92/93, 95
Lichtbildnerei Ebel-Löffler, Vitte/Hiddensee: S. 38, 66/67
Heimatmuseum Kloster/Hiddensee: S. 8, 68/69
Georg Jung, Hamburg: S. 19
Kulturhistorisches Museum, Stralsund/Bereitstellung der Druckvorlage: Römisch-Germanisches Zentralmuseum, Mainz: S. 7
Ullstein Bilderdienst: S. 16

S. 56/57: Gerhart Hauptmann, „Durch des Äthers blaues Schweigen",
© Aufbau-Verlag, Berlin 1946
S. 46/47: Joachim Ringelnatz, „Insel Hiddensee",
© Karl Henssel Verlag, Berlin 1982

Karte:
Huber Computerkartographie, München: S. 96

Quellen:
Ebbinghaus, Karl: Hiddensee, Historie, Heimat, Humor. Königstein 1991
Ewe, Herbert: Hiddensee. Rostock 1983
Grümbke, Johann Jacob: Streifzüge durch das Rügenland. Altona 1805
Gustavs, Arnold: Hiddensee. Aufzeichnungen eines Inselpastors. Neu herausgegeben von Arne Gustavs. Berlin 1980
Sandmeyer, Peter: Ein deutsches Schmuckstück – Hiddensee im Herbst 1988, in: Renate Seydel: Hiddensee. Ein Lesebuch. Frankfurt/Main, Berlin 1991

Text und Bildlegenden:
Hans-Christof Wächter, Berlin
Lektorat: Dorothee v. Kügelgen, Hamburg
Gestaltung: Hartmut Brückner, Bremen
Satz: KCS GmbH, Buchholz/Hamburg
Lithographie: Litho Service Bremen, Bremen
Druck: Druckerei C. H. Wäser, Bad Segeberg
Bindearbeiten: Buchbinderei S. R. Büge, Celle

Die Deutsche Bibliothek – CIP-Einheitsaufnahme
Wächter, Hans-Christof
Hiddensee/Hans-Christof Wächter; Heinz Teufel – Hamburg: Ellert und Richter, 1992
(Eine Bildreise)
ISBN 3-89234-309-8
NE: Teufel, Heinz [Ill.]

Inhalt

Boten sandte
der Gebieter aus
über Meer und Mark,
Mannen zu laden,
Flutenglanzes
Fülle zu bieten
den alten Kriegern
und ihren Söhnen.

Gebietet, rasch
an Bord zu gehn,
auf Brandeys Reede
bereit zu sein: –
Dort blieb der König,
bis gekommen waren
die Heerscharen
aus Hedinsey ...

Geadelt bereits mit der ersten Erwähnung: Welche andere Insel kann schon ihre schriftlich überlieferte Geschichte mit der „Edda“ beginnen, der berühmten Sammlung von Heldenliedern aus früher nordischer Zeit! Hedinsey, Hithinsö – Hedin oder Hithin ist ein männlicher Vorname, und Ey oder Ö heißt Insel. Hedins Insel – Hiddensee.

Aus der Zeit um das 10./11. Jahrhundert stammt auch der einzigartige, im Jahre 1872 unter noch immer nicht restlos geklärten Umständen auf der Insel gefundene Hiddenseer Goldschatz, der im Katharinenkloster zu Stralsund, dem unbedingt sehenswerten Kulturgeschichtlichen Museum, aufbewahrt wird. (Das Hiddenseer Heimatmuseum zeigt eine gut gearbeitete Replik.) Es handelt sich um ein Schmuckensemble aus Halsreif, Fibel und vierzehn massiven Hängeteilen einer Kette, granuliert und mit verschlungener figürlicher Ornamentik reich geschmückt; ein Kunstwerk höchsten Ranges von zeitloser Schönheit.

Die ersten Zeugnisse menschlicher Besiedlung auf Hiddensee – wenn es denn eine Insel schon damals war – reichen gut 9.000 weitere Jahre zurück. Faustkeile, Schaber, Pfeilspitzen aus Feuerstein, eine ganze Werkzeugmanufaktur aus mesolithischer Zeit, hat man auf Hiddensee gefunden. Ein bronzezeitliches Hügelgrab und das reich ausgestattete Grab einer vornehmen Germanin aus dem zweiten Jahrhundert nach Christus dokumentieren die Kontinuität der Besiedlung. Beide Grabstätten liegen auf dem Hochland des damals sehr viel umfangreicheren Dornbuschs. Das Flachland im Süden, das heute über 70 Prozent der Landmasse Hiddensees ausmacht, existierte zu jener Zeit ja nicht. An seiner Herstellung arbeitete der Dornbusch noch.

Völkerwanderung, slawische Inbesitznahme, Christianisierung und erneute germanische Ostkolonisation – dichtes geschichtliches Dunkel liegt über der Insel. Keine Spur ist zu finden. Erst mit der Gründung des Zisterzienserklosters im Jahre 1296 fällt ein wenig mehr historisches Licht auf Hiddensee. Was nicht heißt, daß es auch auf seine Bewohner gefallen sei. Die bleiben im Dunkel – und noch für lange Zeit – leibeigen, gutsuntertänig, Besitztum wie Pferd und Schaf und Webstuhl.

Für fast ein Vierteljahrtausend, bis zur Reformation, gehörte die Insel dem Kloster, danach den Herzögen von Pommern-Wolgast. Die verpfändeten sie. Dann wurde sie – jeweils mit Mann und Maus – an diesen und jenen verkauft. Für die Hiddenseer Fischer und Kätner war die Fron mal härter, mal nicht ganz so hart; unfrei und arm blieben sie immer. 1797 beschrieb Johann Friedrich Zöllner in seinem Buch „Reise durch Pommern nach der Insel Rügen“ den Wohnkomfort der Hiddenseer mit den lapidaren Worten: „Hierher muß man gehen, wenn man sich einen Begriff von der Baukunst in ihrer ersten Kindheit machen will; wenigstens habe ich sonst nirgends als hier Häuser von Torf gesehen ...“

Nicht zu vergessen den einen und anderen Krieg oder Freibeuterüberfall zwischendrein, den es zu überstehen galt. 1628 zum Beispiel ließ Wallenstein, so heißt es, die reichen Waldungen der Insel bis auf den letzten Stamm abfackeln, um auszuschließen, daß sich die Dänen fürderhin mit Schiffsbauholz von Hiddensee versorgen könnten.

Wenn ihnen – was selten genug geschah – die Gewalten von Wind und See Gelegenheit dazu gaben, hielten sich die Hiddenseer auf ihre Weise schadlos: Für die Segelschiffahrt waren die Gewässer um Hiddensee, Rügen und Stralsund mit ihren Engen und Untiefen, schnell entstehenden Sandbänken und versetzten Strömungen ein gefährliches Terrain. Bis zu den modernen Zeiten der Funkfeuer, der dichten Betonnung und Ausbaggerung von Fahrrinnen strandeten in diesen Gewässern durch die Jahrhunderte christlicher Seefahrt unzählige Schiffe. Wenn die Hiddenseer Glück hatten, geschah dies in erreichbarer Nähe des Strandes. Wenn sie mehr Glück hatten, war das gescheiterte Schiff nicht von den Wogen zerschlagen und verschlungen. Und wenn ihr Glück vollkommen war, war es mit einer brauchbaren, wertvollen Ladung gefüllt. Strandraub heißt das und ist strafbar, einerseits. Ein – nicht nur hier – seit Urzeiten geübtes Vorrecht, andererseits. Und, glaubt man den Klönschnacks der Fischer, bis in jüngste Zeiten wahrgenommen, schon aus traditionsgebundener Verpflichtung den Altvorderen gegenüber. Da gibt es etwa die Geschichte von „dem englischen Sunlicht-Dampfer, der fast zehn Jahre lang für Seife und Sauberkeit auf Hiddensee sorgte, und der dänischen Schute, selten-so-gelacht, die der Volkspolizist nur für eine Stunde unbewacht ließ, um anschließend nichts weiter als den Rumpf vorzufinden“. (Sandmeyer, S. 335)

So ungern sich die Hiddenseer von ihrem „söten Länneken“ trennen und so sicher sie dahin zurückkommen – wenn ihnen denn glückliche Heimkehr beschieden – die Hiddenseer gingen auch selbst auf große Fahrt. Wohl weniger aus Abenteuerlust – heimatverwachsen, wie sie sind – denn aus bitterer wirtschaftlicher Not. In den Sterberegistern sind, soweit bekannt, die Orte ihres Todes verzeichnet, wenn sie „auf See blieben“: Batavia steht da geschrieben, Australien, Rio de Janeiro, Westindien ... Liebenswerte exotische Mitbringsel derer, die zurückkehrten, zeigt das Heimatmuseum in Kloster.

Über eintausend Jahre hat der berühmte Hiddenseer Goldschmuck-Fund seine zeitlose Schönheit bewahrt und würde – heute getragen – noch immer dieselbe Bewunderung erregen wie zu seiner Zeit, als er einen Wikinger von hohem Rang schmückte.

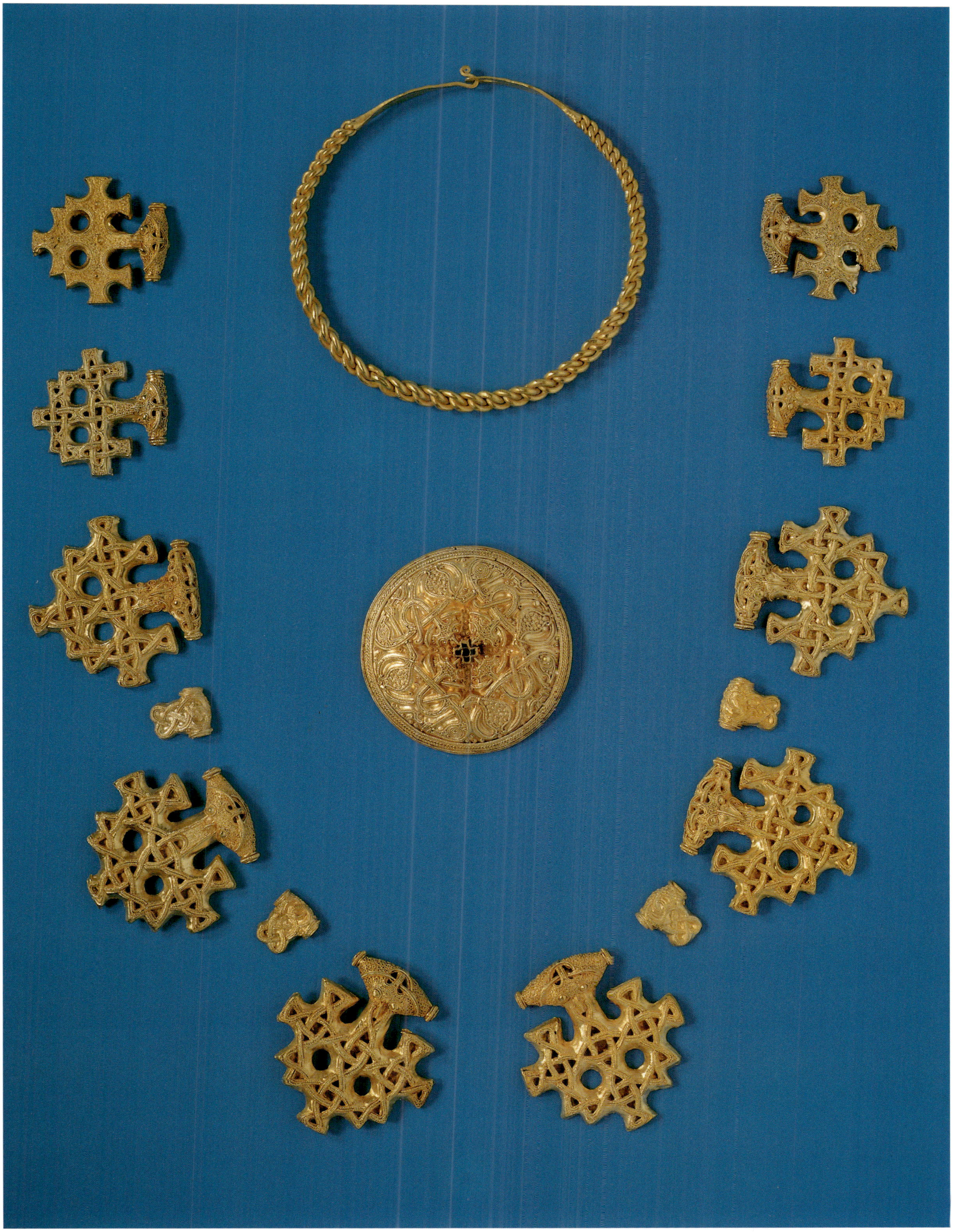

Es hat schon seinen eigenen, pikanten Reiz: zum einen die Lektüre der – fast ausnahmslos westdeutschen – Immobilienkaufwünsche („Ehepaar, kinderlos, sucht erhaltenswerten Baubestand möglichst im Bereich Kloster/Grieben ...") in den vierzehntägig erscheinenden Hiddenseer „Inselnachrichten" – und zum anderen der Annonce in der „Stralsundischen Zeitung" vom 29. 9. 1785, mittels derer Hiddensee in toto samt totem und lebendem, auch menschlichem Inventar zum Kauf ausgeschrieben wurde. Da heißt es: Die Insel „bestehet ausser dem sogenannten Kloster (wo der Herrschaftliche Hof vor etwan 20 Jahren neu erbauet und die Zimmer zu etwan 11.000 Rthlr. zur Brandkasse geschäzet worden, wobey ein guter Herrschaftlicher Garten und etwan 5 Lasten Aussaat aller Arten Korns, und Wiesewachs von 80 großen Hof-Fudern salzen Heues, so daß eine Holländerey von 69 Kühen und eine Schäferey von 300 Schafen gehalten werden kann, und wo eine 200 Rthlr. Pacht gebende Windmühle und 2 Einliegerwohnungen, auch die zur Schlemmung der Fayence-Erde und ein unerschöpflicher Vorrath dieser Erde befindlich) aus dem Dorfe Griwen, welches von 4 Vollbauern, 2 Halbbauern und 11 Einliegern bewohnet wird, dem Dorfe Vitte, worin 12 Käther und 22 Einlieger wohnen, den Dörfern Plogshagen und Neuendorf nebst dem Göllen, wo bis 700 Hammel und 150 Häupter Rindvieh jährlich fett geweidet werden können, und der sogenannten Fähre. Sie ist mit der obern und untern Gerichtsbarkeit, Jagd und Fischereygerechtigkeit, auch zur Feuerung hinlänglich mit Sodentorf versehen, enthält ohngefähr 280 Unterthanen und viele freye Einwohner, und hat ausser andern an jährliche Recognition der freyen Schiffer und der vielen unterthänigen sogenannten Segelknechte ansehnliche fixe Einkünfte ..." (Ewe, S. 121)

Es waren die Erben des Kaufmanns und Fabrikanten Joachim Ulrich Giese, die mit jener Annonce die Immobilie Hiddensee losschlagen wollten. Giese selbst hatte die Insel 1753 für 10.464 Reichsthaler erstanden. Es kann angenommen werden, daß sich der Kauf gelohnt hat.

Denn neben den „ansehnlichen fixen Einnahmen" verstand es der umtriebige Unternehmer, noch aus „Dreck" Geld zu machen: Er entdeckte am Dornbusch große Lagerstätten hochwertigen Cyprinentons, geeignet zur Keramikherstellung. So gründete er in Stralsund eine Fayence-Manufaktur, die schon bald florierte. Im Stralsunder Museum sind zahlreiche Exponate aus Giesescher Fabrikation in verspielter Rokoko-Manier zu sehen.

Von den Gewinnen aus dem tönernen Bodenschatz ihrer Insel sahen die Hiddenseer nichts. Sie führten nach wie vor ihr karges Leben auf dem dennoch heißgeliebten „süßen Ländchen". Ein Leben, das sich vom Mittelalter bis ins 19. Jahrhundert in seinen Grundzügen nur wenig änderte. So könnte der folgende Bericht von 1805 ebenso ein- oder zweihundert Jahre früher geschrieben sein: „Die meisten Häuser des Dorfes Vitte, des größten und volkreichsten der Insel, sind elend gebauet ... und dennoch haben die krüppelhaften Gestalten dieser Hütten mit ihren Bekleidungen von Seegras, ihrem Gemäuer von Torf oder Feldsteinen und ihren kleinen Kucklöchern, die zuweilen aus geborgenen Schiffsfenstern bestehen, zum Teil etwas Pittoreskes. In der Gegend zwischen Vitte und Neuendorf befindet sich ein ergiebiger Torfstich, der von der ganzen Insel, welcher es an Brennholz völlig mangelt, benutzt wird. Es ist aber nur Rasen- oder Sodentorf, welcher unerträglich stinkt und wovon alle Dorfwohnungen durchräuchert sind; arme Leute brennen überdem wohl noch getrockneten Kuhmist, der so wenig im Stande ist, den Torfgeruch zu mildern, daß, wie man im Sprichwort sagt, der Teufel hier durch den Beelzebub ausgetrieben wird. Gleichwohl ist diese Naturgabe des Torfes für die Bewohner von der höchsten Wichtigkeit. Sie ist nicht nur ihr Hauptmaterial zur Feuerung, sondern dient ihnen auch statt der Backsteine und Mauerspeise ..." (Grümbke, S. 79 f.)

Wer glaubt, die Ostsee sei ein kleines, sanftes Binnenmeer, der hat noch keinen Herbststurm an ihren Küsten erlebt, und das muß gar kein Sturmhochwasser sein. Die Hiddenseer mußten seit Menschengedenken lernen, mit dieser permanenten Bedrohung zu leben. Allein in der zweiten Hälfte des 19. Jahrhunderts wurde die Insel von mindestens acht verheerenden Orkanen heimgesucht: So riß im August 1864 ein Sturmhochwasser die Insel an der schmalsten,

So sah der Maler Eduard Nieny um 1860 das Norderende von Vitte; eine der frühesten und detailliertesten Darstellungen Alt-Hiddenseer Lebens. In den kärglichen, aus Torfsoden gebauten Fischer- und Bauernkaten wohnten Mensch und Tier unter einem Dach zusammen.

nur 125 Meter messenden Stelle südlich von Plogshagen auseinander, zwei weitere Stürme verbreiterten den Riß, bis sich die Fluten schließlich durch einen 250 Meter breiten und sieben Meter tiefen Strom ungehindert von der See in den Bodden wälzten. Hiddensee wurde in zwei Inseln zerrissen. Bis 1878 dauerte es, sie mit Dammbauten dauerhaft wieder zusammenzuflicken. Die größten Verheerungen an den mecklenburgisch-vorpommerschen Küsten und auch auf Hiddensee brachte der Nordoststurm vom 12. und 13. November 1872: Die Häuser standen bis zu den Dächern im Wasser, die Fischerboote und -gerätschaften waren zerstört und weggeschwemmt, die Wintervorräte vernichtet, die Brunnen vollgelaufen, das Vieh ertrunken. Die Menschen mußten tagelang auf Dachböden ausharren, ehe sie gerettet werden konnten, und standen danach mit leeren Händen vor dem Neuanfang.

Die Hiddenseer, heißt es, pflögen untereinander einen ausgeprägten Gemeinsinn. Das, was wir über ihre Geschichte erfahren, spricht dafür: Not schweißt zusammen. Es sei dahingestellt, ob dieser löbliche Charakterzug angeboren oder durch die Lebensumstände entwickelt wurde – Zusammenhalt war in jedem Fall überlebenswichtig auf der Insel, gerade in der Fischerei. Ein einzelner hätte die kostspielige Ausrüstung weder anschaffen noch allein bedienen können. Also hatten sich die Inselfischer schon von alters her in Partien, Kompagnien oder Commünen zusammengeschlossen, die gemeinsam Boote, Netze und sonstige Fanggeräte unterhielten, gemeinsam ausfuhren, gemeinsam Fang und Erlös teilten. Das hatte seine Auswirkungen auch auf viele andere Lebensbereiche, wie Pastor Gustavs erlebte:

„Ich kam einmal in der Woche vor Pfingsten nach Neuendorf und sah zu meinem Erstaunen, als ich die erste Häuserreihe erreicht hatte, daß überall sämtliche Möbel und Hausgeräte vor den Türen auf dem Rasen standen. Ich traute zuerst meinen Augen nicht, als sich das Haus bei Haus wiederholte, als wollte das ganze Dorf aus- und umziehen. Auf meine erstaunte Frage erhielt ich die Antwort: ‚Wi witten!' Alle hatten zum Pfingstfest ihre Häuser ausgeräumt, um die Zimmer sauber mit Kalk zu weißen, sicher der gesündeste Anstrich der Wände. Um nun in ihrer Fischerei keine der gemeinsamen Arbeiten zu versäumen, wurde eben ein Tag verabredet, an dem alle weißen wollten Da darf keiner aus der Reihe tanzen Wehe ihm!" (Gustavs, S. 67)

Und dann kamen die Fremden, die Sommerfrischler, Naturfreunde, Einsamkeitssucher. Sie kamen später hierher als in andere Regionen der Ostseeküste, Rügen oder Usedom etwa. 1896 zählte der Theologiestudent Arnold Gustavs bei seinem ersten Hiddensee-Besuch ganze 50 bis 60 Sommerfrischler. Zur selben Zeit drängten sich übers Jahr in Heringsdorf schon an die 10.000 Urlauber. Hiddensee lag immer schon etwas hinter der Zeit, man ist stolz darauf; und in der Tat macht gerade dieser Umstand (und manches ist hier auch heute noch etwas umständlicher als anderswo) einen Gutteil des Reizes der Insel aus. „Hierher ist der Sozialismus nie richtig gekommen, und mit dem Kapitalismus wird's genauso gehen", spekulieren die Hiddenseer, womöglich voreilig, teils verzagt, teils hoffnungsvoll.

Erst 1900 wurde ein „Badeinteressentenverein" auf der Insel gegründet, man begann, überregional für Hiddensee als Ferienziel zu werben und sich auf größere Touristenströme einzurichten. Denn es reichte nicht mehr aus, daß die Fischerfamilien sommers auf die Dachböden umzogen, um die Stuben ihrer Häuser an Sommerfrischler zu vermieten. Als dann die Berliner Prominenz den Geheimtip Hiddensee für sich entdeckte, war die Insel, wie das so geht, binnen kurzem kein Geheimtip mehr. Die Fremden kamen in Strömen. Wer hätte es nicht reizvoll gefunden, auf einer Ferieninsel von außergewöhnlicher landschaftlicher Schönheit als interessante Dreingabe morgens beim Bäcker neben dem berühmten Filmschauspieler Otto Gebühr seine Brötchen zu kaufen, angelegentlich an Max Reinhardts Strandkorb vorbeizuflanieren, die Sängerin Lotte Lehmann beim Spaziergang zu treffen – oder gar ihn, den „einzigen" Gerhart Hauptmann beim allmorgendlichen Seebad oder beim Diktieren auf der Terrasse seines Hauses beobachten zu können . . .

Statt der Heringe die Fremden; Hiddensee hatte sein Glück gemacht. Glück für die Fremden, daß sie die Insel nicht kaputtgemacht haben.

In den Zwanziger Jahren, als Hiddensee Prominenten-Insel wurde, war ihre Anbindung an die große Welt moderner als heutzutage: In den Jahren 1928–1935 unterhielt die Lufthansa sommers einen Wasserflugzeug-„Shuttle" zwischen Stralsund und Kloster.

Möge Friede auf Erden sein
世界人類が平和でありますように

Viele Jahrhunderte Inselgeschichte: 1332 wurde die Kirche zu Kloster geweiht. Seitdem ist sie (nach der Reformation protestantische) Pfarrkirche der Hiddenseer. Die links des Weges versammelten alten Grabsteine, mit Hausmarken und Segelschiffen geschmückt, reichen bis ins frühe 18. Jahrhundert zurück –, und der viersprachige „Friedenspfosten“ wurde der Gemeinde 1991 gestiftet.

Unter der hölzernen Tonnendecke der Inselkirche schwebt groß, drall und golden beflügelt ein geschnitzter Taufengel aus der ersten Hälfte des 18. Jahrhunderts. In seiner Jugend konnte er über Rolle und Seil herabgesenkt werden, um mit der Muschel in seiner rechten Hand die Schale mit dem Taufwasser zu präsentieren. Die anmutige, wie bäuerliches Rokoko wirkende Rosen-Ausmalung der gewölbten Decke über dem Engel stammt aus den zwanziger Jahren dieses Jahrhunderts.

Am Rande des Friedhofs in Kloster, auf dem neben Generationen von Inselbewohnern auch der berühmteste Wahl-Hiddenseer, Gerhart Hauptmann, seine letzte Ruhestatt gefunden hat, steht dieses eindrucksvolle Natur-Denkmal wie ein Memento für das Vergehen auch der Mächtigen und zugleich als Sinnbild für die unbezwingbare Kraft des Lebens.

WILLI
NEHLS

Der Bug des kleinen Kutters pflügt stampfend eine kabbelige See, die kühle Frühlingsabendbrise weht Gischt über das Deck, und voraus, zwischen stahlgrauem Meer und karmesinrotem Sonnenuntergang, schwebt langhingestreckt die Insel, backbords fast versinkend im Wasser, steuerbords aufgebuckelt zu einem mächtigen, dunklen Klotz. Von dort oben wischt weitausholend der Lichtarm eines Leuchtturms über die See, das Boot und uns.

Ankunft auf einer Insel. Ich weiß keine beeindruckendere Weise, schon bei der Überfahrt den insularen Charakter Hiddensees zu erfahren. Dabei war's eigentlich nur Pech: ein Stau auf der Autobahn, die letzte Fähre in Schaprode auf Rügen längst schon weg. Was nun? Der Wirt in „Keils Gasthof" weiß Rat. Ein Telefonanruf nach drüben, und in Neuendorf sticht alsbald ein Fischer in See, die verspäteten Gäste überzuholen. – Der normale Weg ist unspektakulärer und geruhsamer. Mit Restauration, Musikberieselung und Sonnendeck. Von Wieck und Schaprode auf Rügen oder von Stralsund aus läuft die Weiße Flotte mehrmals täglich Hiddensee an. Das dauert, je nachdem von wo nach wo, zwischen dreißig Minuten und drei Stunden.

In Kloster angekommen, wölbt sich über der Insel ein Sternenhimmel, wie man ihn in unseren Zeiten eher im Planetarium als in Realität zu sehen bekommt. Später, beim Heimweg vom Restaurant, ein Naturschauspiel der außergewöhnlichen Art: Über der schwarzen Masse des Hochlandes schwebt im Nachthimmel ein fahlrot-diffuser Lichtbogen, der bald in milchig-pulsierendes Weiß ausbleicht, und, sich ausdehnend und zusammenziehend, in die Weite des Himmelsgewölbes Strahlenfahnen hißt und wieder einholt.

Das kann kein Leuchtturm hinter dem Horizont oder der Widerschein der Insel Møn sein. – Aber Nordlicht über Hiddensee?! Nichts anderes! Auch ältere Hiddenseer können sich nicht erinnern, dergleichen über ihrer Insel schon gesehen zu haben. Kein unbedingt hiddenseetypisches Erlebnis also, doch spektakulär genug, es festzuhalten. – Eine Himmelserscheinung, die – sagen die Klimatologen voraus – in Zukunft immer häufiger auch in so südlichen Gefilden auftreten wird; als Folge der zunehmenden Luftverschmutzung.

Am nächsten Morgen ein erster Spaziergang durchs Dorf. In den Gärten bestehen Märzenbecher und Krokusse auf ihrer Behauptung, der Frühling sei im Kommen. Noch zaghaft probieren erste Lerchen ihre Jubellieder auf das steigende Jahr, und auch die ungeduldigen Schreie der Kraniche und Wildgänse, die in hohen Winkeln über die Insel ziehen, wollen den Winter bannen, der sich mit gelegentlichen Nachtfrösten und Rauhreif auf den Wiesen noch immer nicht geschlagen gibt.

Seebad, Bauerndorf, Künstlerkolonie, Feriensiedlung – Kloster am Fuß des Dornbuschs hat etwas von allem, aber vor allem hat es viel liebenswerten, unaufwendigen, nostalgischen Charme. Hier entlangspazierend, glaubt man das mondäne Auftrumpfen der Westerländer Flaniermeile in einem anderen Erdteil. Ungepflastert, von Bäumen und von Gartenzäunen begrenzt, verbindet Klosters „Hauptstraße" Strand und Boddenseite, buten und binnen. Am seeseitigen Ende, in die Dünen gebaut, liegt die alte Seenotrettungsstation, die auch das Heimatmuseum beherbergt. „Luft: 8° C, Wasser: 5° C, Wetter: Blanke Sahne"; auch fern der Badesaison steht der meteorologische Tagesbefund getreulich mit Kreide auf schwarzer Tafel neben dem schmucklosen Haus. Vor allem für Tage, an denen das Wetter mal nicht „Blanke Sahne" ist, kann das kleine, feine Museum nur wärmstens empfohlen werden. Es macht nicht viel von sich her – und birgt doch eine Fülle von Schätzen, die die Geschichte der Insel unaufdringlich eindrücklich erzählen.

Ob man ihn schätzt oder nicht, ob man sein Werk kennt oder nicht, man kommt auf Hiddensee nicht vorbei an ihm: Gerhart Hauptmann, Dichterfürst und Inselkönig. Vom Museum sind es nur wenige hundert Meter inseleinwärts bis zu seiner Sommerresidenz, in der er alljährlich für einige Monate Arbeitsstätte und Hofhaltung aufschlug. Zwischen hoch aufgeschossenen Buchen, Birken und Kiefern liegt sein gediegenes, zurückhaltend nobles Anwesen, großbürgerliche Wohlhabenheit eher verhüllend als zur Schau stellend. Die Arbeits- und Repräsentationsräume, in denen regelmäßig auch Autorenlesungen veranstaltet werden, können als Gedenkstätte besichtigt werden. – Doch der Himmel ist veilchenblau und seidenweich die Luft; der Dichter, der die Natur Hiddensees so sehr liebte („Wiesenfläche, Feld und Hain/zaubereinsam schillern;/badend hoch im Mondenschein/Mondscheinlerchen trillern."), wird uns nachsehen, daß wir ihn auf später verschieben.

Der Dichter und die Insel. Gerhart Hauptmann und Hiddensee – eine Liebe über Jahrzehnte. Hier lebte und arbeitete der Schriftsteller Jahr um Jahr in den Sommermonaten, hier hat er seine letzte Ruhestatt gefunden.

Wir biegen nach links ab. Und werden unversehens Zeugen eines Dramas: Ein kleiner Lieferwagen und ein bäuerlicher Feld-Wald-und-Wiesen-Traktor samt mistbeladenem Anhänger kommen mit Hängen und Würgen nicht aneinander vorbei über die Kreuzung. Ein Verkehrsstau auf der (so gut wie) autofreien Insel! Sicher fast so selten wie ein Nordlicht. Der Weg steigt bergan. Vorbei an schmucken, offensichtlich durch viel Eigenleistung instand gehaltenen Einfamilienhäusern mit Vermietung, wie die „Zimmer frei"-Schilder anzeigen, vorbei an der alles andere denn zurückhaltend noblen Villa des großen Regisseurs Walter Felsenstein. Auch er ein Insel-Großkopferter vergangener Tage.

Oberhalb des Dorfes liegt die Vogelwarte der Universität Greifswald, ein Haus von internationalem Renommee. Dorthin wollen wir. Der Anblick allerdings ist eher ernüchternd: ein grauer dreistöckiger Bau unter hohen Dächern, wahrlich keine Perle der Architektur. Allein seine anmutige Lage am Saum des Dornbusch-Waldes, von Kiefern, Heckenrosen und Ginster umgeben, mildert die Tristesse. Aber das Gebäude hat innere Werte – und eine Geschichte: Vor seiner wissenschaftlichen Karriere im Dienst der Ornithologie war es, in den Anfangsjahrzehnten des Hiddensee-Tourismus, eine von einer etwas exzentrischen Baronin geführte Pension. Nicht irgendeine: Auf der Gästeliste standen Namen wie Albert Einstein, Käthe Kollwitz und Friedrich Hollaender. Und im Jahre 1924 logierten hier, im „Haus am Meer", gleichzeitig die Großdichter Gerhart Hauptmann und Thomas Mann samt Gemahlinnen. Das ging nicht besonders gut, wie Katja Mann berichtet: Hauptmann darauf bedacht, im hellsten Licht – und Mann nicht geneigt, im Schatten des anderen zu stehen. Immerhin gab ihm die Begegnung Gelegenheit, den Konkurrenten um den deutschen Dichterthron noch einmal ausgiebig zu studieren, um ihn als Mynheer Peeperkorn im „Zauberberg" genüßlich-ironisch zu porträtieren.

Unweit der Vogelwarte erhebt sich mit Söllern, Erkern und Türmchen ein imponierendes, für die Maßeinheit der kleinen Insel deutlich überdimensioniertes Bauwerk über die Wipfel der Kiefern. Eine pittoreske architektonische Mixtur aus englischem Landhaus, Jugendstil und wilhelminischem Historismus: die Lietzenburg. Selbstredend hatte auch sie prominente Besitzer: den Berliner Maler Oskar Kruse, seinen Bruder, den Bildhauer Max Kruse und dessen Frau Käthe, als Schöpferin der Käthe-Kruse-Puppen weltweit bekannt.

Zweifellos: Hiddensee ist etwas Besonderes; die Berufs-Hiddenseer betonen das gern, mit liebenswert-elitärem understatement. Als name-dropping kennt man das Spiel: Dort hatte Gustaf Gründgens sein Ferienquartier, da logierte Sigmund Freud, hier skizzierte Ernst Barlach, und dort pflegten Asta Nielsen, Heinrich George, Paul Wegener und Joachim Ringelnatz zu baden... Irgendwann nutzt sich der Effekt ab. Man denkt: Hier hat anscheinend überall irgendwann mal irgend jemand Prominentes gewohnt, na und?! Die zarte amphibische Schönheit der Insel kann das weder steigern noch mindern. Sie ruht in sich.

Hiddensee war (und ist) in! Vor allem in den zwanziger und dreißiger Jahren traf sich Deutschlands Elite aus Kunst und Wissenschaft auf der Insel. Hauptmann verlieh ihr 1935 in einer Ansprache so selbstbewußt wie hochtönend das Prädikat, „das geistigste aller deutschen Seebäder" zu sein, wobei er wohl vorrangig an sich selbst dachte. Noch um die Jahrhundertwende hatte der Dichter, der die Insel 1885 für sich entdeckte, dem Berliner Theaterdirektor Otto Brahm die Schönheit Hiddensees als „eines der lieblichsten Eilande" gepriesen, um gleichzeitig – auch sich selbst – zu mahnen: „Nur stille, stille, daß es nicht etwa ein Weltbad werde." Ein Weltbad – im Sinne von mondän, luxuriös, überlaufen und grell – ist es zum Glück bis heute nicht geworden. Bislang nicht. Möge der Himmel die Vernunft regnen lassen über die Insulaner, daß sie der Mahnung ihres Inselfürsten einge-

Der Blick vom Dornbusch auf Kloster und die massive Lietzenburg um 1924. Dem heutigen Inselbesucher präsentiert sich ein verändertes Panorama: Der aufgeforstete Dornbusch-Wald umschließt Dorf und Villa.

denk, den Versuchungen der Zeitenwende widerstehen. – Naheliegende Gedankengänge beim ersten Spaziergang durch eine grüne Ortschaft ohne Leuchtreklamen, ohne Werbetafeln, ohne Beton unter den Füßen, ohne Shopping-Center oder uniforme Fastfood-Paläste. Und ohne Autos weit und breit. Wer nicht zu Fuß geht, radelt. Wer größere Lasten zu transportieren hat, zieht den inseltypischen zweirädrigen Karren oder schirrt ihn ans Fahrrad. Das Gepäck läßt man stilgerecht mit dem Pferdefuhrwerk zur Fähre transportieren.

Zurück zur Hauptstraße und weiter zur Dorfkirche. Die Kirche zu Kloster ist keine Klosterkirche. Gebaut zwar von den Mönchen des namengebenden Zisterzienserklosters und im Jahre 1332 geweiht, hieß sie von Beginn an, in Unterscheidung zu der innerhalb des Klostergeländes gelegenen Mönchskirche, die Bauernkirche. Breit und behäbig, weiß und rot lagert sie im Grün des Friedhofshanges; Urform von Kirche und Haus: kein Chor, kein Turm, nur ein von massiven Mauern gebildeter langrechteckiger Raum unter hohem Giebeldach, die Außenwände mit schweren Stützpfeilern verstärkt. Im Gebälk des Vorbaus auf der Südseite, durch den man heute die Kirche betritt, hängen zwei Glocken, die auch heute noch – wie seit Jahrhunderten – mit dicken Seilen von Hand in tönenden Schwung versetzt werden. Selbstbewußt, in einfacher und klarer Würde, präsentiert sich die Kirche. Und gewinnt im Innenraum eine Dimension hinzu: Anmut, Liebreiz – mit dergleichen Begriffen fern aller Mode läßt sich ihre Atmosphäre umschreiben. Viel Licht durch hohe Fenster, weiß und hellblau die Wände und das Gestühl. Das hölzerne Tonnengewölbe ist mit Blumen bemalt: eine Himmelswiese, mit Rosen bedacht, mit Näglein besteckt ... Unter der Blütendecke schwebt, drall und pausbäckig, ein barocker Taufengel, und neben dem Altar steht streng und lebensgroß auf seiner Grabplatte Herr Johannes von Runneberg, 14. Abt des Klosters, 1475 im zehnten Jahr seiner Amtsführung gestorben, wie das umlaufende Schriftband dem Kundigen alten Kirchenlateins verrät.

Vom Kloster selbst ist nichts erhalten. In der Reformation säkularisiert, wurde es später Grundstock und Steinbruch für das Gut der wechselnden Inselbesitzer. Nach dem romantischen Torbogen, der – als letztes Relikt der Klostergebäude ausgegeben, wahrscheinlich aber aus dem 18. Jahrhundert stammend – noch heute manche Hiddensee-Broschüre fotografisch bereichert, sucht man vergebens. Er ist in den sechziger Jahren schon, weil er Schwertransporten bei der Uferbefestigung im Wege stand, sang- und klanglos abgeräumt worden, einfach so. Doch man will ihn wieder aufrichten, seit Jahren schon.

Um Hiddensee zu überblicken, ersteigt man den Dornbusch. Dort, auf dem bis über 70 Meter hoch aufsteigenden diluvialen Inselkern, vom Hexenberg, Schluckswieckberg oder Swantiberg aus, breitet sich die Insel vor und unter dem Betrachter aus: zwischen offener See und Bodden, nah an Rügen gelagert, nur wenige Meter aus dem Meeresspiegel ragend, lang und schmal nordsüdlich gestreckt. Und fern im tiefen Süden flirren hinter dem Strelasund gleich einer Fata Morgana die schweren Türme der schönen alten Hansestadt Stralsund schwebend leicht auf den Wassern.

Im Westen begrenzt in weitem, konkavem Bogen weißer Sandstrand die Insel gegen die Ostsee, die zwischen gleichmäßigen Buhnenreihen, wie Zähnen eines Riesen-Kammes, anrollt. Sollten sie sich auftürmen zur Sturmflut, die antrekkenden Ostseewellen, wird der Außendeich ihre Wut auflaufen lassen. Abgesehen von diesen eher seltenen Gelegenheiten, sich in seiner Bestimmung als Landschutz zu bewähren, dient der Deich ganzjährig als geliebte Strandpromenade zwischen Kloster und Vitte. Von hier aus genießt man weiten Meeresblick zur einen und weiten Blick über die Breite der Insel nach Rügen hinüber zur anderen Seite. Dort im Osten verzahnen sich das satte Grün der flachen Salzwiesen und die silbergrauen Wasser des Vitter und Schaproder Boddens in amphibischer Vielfalt von Buchten, Haken, Lagunen und kleinen Eilanden.

Hiddenseer Tracht und (angebliches) Klostertor; typische Inselmotive um 1910. Beide wird man heute vergeblich suchen: Niemand trägt mehr die altüberlieferten Kleider, und der malerische Torbogen, längst abgetragen, ist inzwischen wieder rekonstruiert worden.

Hoch über der See und hart an der Kante des Steilufers führt von Kloster in nordwestlicher Richtung hügelauf, hügelab ein schmaler Pfad über den Dornbusch; einer der schönsten Wanderwege, den die an Naturschönheiten so reiche Insel zu bieten hat. Durch dichten Wald, der, schlingpflanzenüberwuchert, stellenweise fast an tropischen Urwald erinnert. Doch die dominierenden norddeutschen Kiefern, windflüchtend geneigt, beweisen im Verbund mit Eichen, Rotbuchen, Fichten, Weißdorn, Hasel und Maulbeere, daß sich der Wanderer in nordischen Landen ergeht. – Immer neue Meerblicke aus Vogelflugperspektive: auf der Horizontlinie gereihte Frachtschiffe, gebauschte weiße Segel und, in verschwimmender Ferne mehr geahnt als sichtbar, die Kreideklippen von Møn. Irgendwoher vom Himmel tönt ein vielstimmiges „Ank-hö Ank-hö Ank-hö", und nach langem Suchen findet der Blick hoch im Zenit drei ... vier ... fünf zartgetupfte weiße Perlenketten im Blau. Singschwäne ziehen heimwärts nach Norden.

Entlang einem halbkilometerlangen Abschnitt des Hochuferwegs nahe der Waldgaststätte „Zum Klausner" fallen die Kliffwände nicht in direkter Luftlinie zum schmalen Geröllstrand ab. Zwischengelagert im doppelten Wortsinn ist eine 600 mal 200 Meter umfassende „Großuferscholle", die sich, als ein riesiger Lastenfahrstuhl, sanft gleitend auf den Weg abwärts gemacht hat. Und das nicht schon vor Urzeiten, sondern erst seit den 60er Jahren des vorigen Jahrhunderts. Bis zu 20 Meter hoch sind die senkrechten Rutschflächen, die Ober- und Mittelgeschoß inzwischen schon trennen. Schiefstehende Bäume und Bodenspalten zeigen an, daß der Prozeß längst noch nicht abgeschlossen ist. Wie in ein riesiges Terrarium schaut man von oben auf Baumwipfel, Unterholz und dichtes Gebüsch dieser abgeschiedenen, abgleitenden Waldesinsel, über der ein eigentümlicher Zauber von insularer Weltferne liegt. Einhörner könnten dort unten leben, ponygroß natürlich nur, Sommernachtstraumelfen und Peter Pan.

Nicht weit danach, die Swantewit-Schlucht mit ihrem Treppensteig vom Badestrand ist passiert, öffnet sich der Blick auf den unbewaldeten, hügelig-muldigen Norden des Dornbuschs, dominiert von dem auf hoher Kuppe eindrucksvoll emporragenden Leuchtturm. Er selbst nicht gerade eine Schönheit in seinem eckigen grauen Betonkorsett. Das mußte ihm angelegt werden, weil Uferabstürze und Erdverschiebungen seiner Stabilität zusetzten. Hier wie an allen Ecken und Kanten: Die Insel lebt und arbeitet, schrumpft und wächst, verändert ihre Gestalt unaufhörlich.

Dafür gibt der Blick vom Leuchtturm nach Osten schon das nächste, das eindrucksvollste Beispiel: Angedockt am Enddorn, der von dichtem Gebüsch überwucherten Nordostecke Hiddensees, schieben sich zwei langhingestreckte, flache Landzungen in den Bodden; der Altbessin und der Neubessin, bekannte Adresse unter Skandinaviens Zugvögeln, die hier im Frühjahr und Herbst zu Zigtausenden Zwischenstation machen. Mehr als drei Kilometer sind die beiden Halbinseln lang, von einer schmalen schilfgesäumten Lagune getrennt. Zumindest der äußere Neubessin ist erdgeschichtlich ein Baby. – Personalisieren wir den Fall zur Verdeutlichung: Als der junge Gerhart Hauptmann im Jahre 1885 Hiddensee für sich entdeckte, da gab es den Neubessin noch gar nicht; 1930, als er sein Haus Seedorn bezog, maß die Landzunge-in-progress gerade mal ein Drittel ihrer heutigen Länge; 1943, bei des greisen Dichters letztem Inselaufenthalt, war sie schon halb so lang wie der Altbessin – und heute übertrifft sie diesen bereits, überwachsen mit einem nahezu undurchdringlichen Sanddorn-Dschungel. Rund 35 Meter, eine für geologische Vorgänge atemberaubende Geschwindigkeit, legt der Neubessin pro Jahr zu. Im Süden Hiddensees, auf dem Gellen, ist dasselbe Phänomen zu beobachten. Das angeschwemmte Baumaterial wird zum Großteil durch den Abbruch des Dornbuschs geliefert, der sich, gleich der Pelikanmutter in der Sage, für das Wachstum seiner Ableger selbst verzehrt. Keine andere Insel in der Ostsee ändert ihre Gestalt in dokumentierbaren Zeiträumen derart gravierend. Alte Fotos beweisen es. Hiddenseekarten, die älter als zehn Jahre sind, zeigen schon nicht mehr die aktuelle Situation.

Herr Johannes von Runneberg, 14. Abt des Klosters, gestorben 1475, der erste mit Konterfei, Namen und Lebensdaten bekannte Insulaner. Seine Grabplatte steht in der Kirche von Kloster.

Ob der Mohn die Wiesenhänge rot überzieht, die Königskerzen ihre gelben Fackeln emporheben, der Ginster schwefelfarben lodert, die Heide violette Seidenteppiche über die Dünen breitet, der Sanddorn in der goldenen Fülle seiner Beeren prangt oder der feuchtkalte Atem der See die leeren Zweige mit weißglitzerndem Rauhreif ummantelt – Hiddensee ist eine Augen-Insel für jede Jahreszeit.

Reedsol, Reitsoll, Reidsal … die schriftliche Fixierung des Namens dieses baumbestandenen Weihers am Ortsausgang von Kloster Richtung Grieben variiert in der Literatur. Ob so oder so geschrieben, bezeichnet das niederdeutsche Wort ein verschilftes Wasserloch. Der Überlieferung nach handelt es sich um einen Karpfenteich aus alten Klostertagen, in dem die Zisterziensermönche ihre Fastenspeise mästeten. Im Hintergrund buckeln sich die Hügel zum Schulterberg und Dornbusch-Wald.

Singe, Gesang, die Natur und die Gaben des Bernsteineilands! / Rechts bespült von des Ostmeers Fluten; gesondert die Linke / Durch die Gewässer des Sundischen Golfs von Rugiens grünen / Dörferbesä'ten Gestaden, erstreckt sich das einsame Eiland / Langgedehnt, doch schmal aus der Mitternacht in den Mittag. / Anders ist die Natur des Nordlands, anders des Südlands."
So besingt der Dichter Gotthard Ludwig Kosegarten in seinem Epos „Die Inselfahrt" (1804) den berühmten Hiddenseer Inselblick vom Dornbusch über Kloster, Vitte und Neuendorf bis zu den Türmen von Stralsund über den Wassern des Boddens.

Seit im Dreißigjährigen Krieg Hiddensees Waldungen abgeholzt und abgebrannt worden waren, präsentierte sich der Dornbusch als baumlose Hügellandschaft. Erst in der zweiten Hälfte des 19. Jahrhunderts wurde mit einer systematischen Wiederaufforstung begonnen, und heute wandern die Inselbesucher wieder durch dichten Wald mit eindrucksvollen neunzigjährigen Eichen, Rotbuchen und Kiefern. – Inmitten dieser Waldeinsamkeit liegt nahe am Abbruch der Steilküste die Ausflugsgaststätte „Zum Klausner", umgeben von hölzernen Wohnhäuschen für die Pensionsgäste.

Am Dorfteich von Kloster nahe der Kirche scheiden sich die Wege in alle Himmelsrichtungen: Die hölzernen Arme des Wegweisers auf blumenbuntem Rondell weisen die Richtung: nach Grieben – Zum Strand – Zum Hafen – Zum Dornbusch – und zur Post, zum Fahrradverleih, zum Rundwanderweg um den Nordteil der Insel.

Haus Seedorn war 1920 gebaut worden. 1930 kaufte es Gerhart Hauptmann und ließ es von dem Architekten Arnulf Schelcher um ein „Neues Haus“ (links), durch einen Kreuzgang und eine davorliegende großzügige Terrasse mit dem alten verbunden, erweitern. Den Efeu, der heute die Terrassenbrüstung dicht überrankt, brachte der Dichterfürst 1932 von einer Amerikareise mit. Er stammt vom Landsitz George Washingtons, selbst gepflanzt vom ersten Präsidenten der Vereinigten Staaten.

In meines Hauses stillem Raum / herrscht der Traum." – Hauptmanns Arbeitszimmer und Bibliothek im „Haus Seedorn", noch heute weitgehend so erhalten und ausgestattet wie 1943, als der greise Dichter zum letzten Mal hier weilte. – Heute finden in dem schönen stillen Raum Autorenlesungen und Kammerkonzerte statt.

Salweide, Weißdorn, Hasel, Schwedische Mehlbeere, Kreuzdorn, Vogelkirsche, Heckenkirsche, Alpenjohannisbeere – artenreich und oft urwaldartig undurchdringlich ist die Laubgehölz-Vegetation unter den Kiefern des Dornbusch-Waldes. Schmale Wege schlängeln sich hindurch, der schönste von ihnen nahe am Abbruch der Steilküste mit immer neuen atemberaubenden Ausblicken über die Weite der See.

Einsamkeit und unberührte Natur am Strand der Dornbusch-Steilküste. – Eine der schönsten Liebeserklärungen an Hiddensee stammt von Arnold Gustavs, der 45 Jahre als Pastor auf der Insel wirkte: „Man sagt, daß alle irdischen Dinge ihr Urbild in der Ewigkeit hätten, Urbilder, die in Vollkommenheit das seien, was die irdischen Dinge nur in Unvollkommenheit abspiegeln können. Danach muß es auch ein himmlisches Hiddensee geben, von dem dieses irdische nur ein schwacher Abglanz ist. Dann möchte ich Gott bitten, daß er mich einst auf dem himmlischen Hiddensee möge wohnen lassen, sei es auch nur in einem kleinen Winkel."

Wie in jedem Jahr zur Badesaison: die Insel ist „voll“. Die 2.000 Gästebetten könnten gut zwei- oder dreimal vermietet werden. Dazu kommen täglich 3.000 Kurzbesucher, die abends wieder nach Rügen, dem Darß und Stralsund zurückschippern. Das macht, bei 1.300 Inselbewohnern, pro Hiddenseer 3,8 Besucher. Und übers Jahr summiert es sich auf 240.000 Tages- und 35.000 Dauerurlauber. Beeindruckende Zahlen, die Bilder von dichtgepackten Stränden, überfüllten Restaurants und Schlangen vor Bäcker und Zeitungskiosk hervorrufen. Am Strand ist selbst im Hochsommer immer noch reichlich Platz, die Schlangen jedoch gibt es. Doch merkwürdig: Sie nerven hier nicht. Heiter und gelassen wartet man auf Frühstücksbrötchen oder Zeitung, schwatzt mit den Umstehenden, beobachtet den Flanierbetrieb auf der Dorfstraße. Es muß ein besonderes, Hektik und Mißlaunigkeit befriedendes inselspezifisches Fluidum sein.
Nach Tang und Teer, nach Fisch und Holz und Dieselöl – der Hafen von Vitte duftet an diesem windstillen, verschleierten Julimorgen besonders intensiv nach Hafen. Die weißen Fährschiffe von Stralsund und Rügen biegen aus dem Bodden in die schmale Vitter Fahrrinne ein und steuern im Gänsemarsch auf die Insel zu, um neue Feriengäste anzulanden. Wir alten Hiddenseer – spätestens nach drei Inseltagen fühlt man sich als solcher und bei Ankunft der „Neuen“ um so mehr – beobachten das Getriebe der Landratten mit amüsiertem Desinteresse. Die Insel wird ihnen die festländische Aufgeregtheit schon austreiben. Da sind die Dauergäste, die Hiddensee-Süchtigen, mit Kind und Kegel, Koffern, Taschen und Strandausrüstung, die ihr Feriendomizil schon lang voraus gebucht haben und in der Regel nicht zum erstenmal kommen. Und da sind die zahllosen Tagesausflügler, die es zu tolerieren gilt. Fahrräder dutzendweise werden ausgeladen – darunter immer mehr Mountainbikes, zum Kummer naturbewußter Hiddenseer. Schließlich will, wer ein solches Gerät mitbringt, die natürliche Freiheit von Hügel und Tal genießen, je steiler und von Straßen uneingeengter, desto sportiver. Da gibt es, mit Dornbusch und Dünenheide, reizvolle Möglichkeiten auf der Insel, zweifellos. Und der Einwand, es handele sich dabei immerhin um Naturschutzgebiete, in denen auch Spaziergänger angehalten sind, die Wege nicht zu verlassen?! „Also erstens wußten wir das nicht – und zweitens, was soll das schon für Schaden anrichten, wenn wir mal eben den Schluckswieckberg dort vorne hochhecheln und auf der anderen Seite wieder runterkacheln, oder?!“ Ernstlich: Sie sind, ebenso wie die „wilden“ Camper (das

Der Dichter Joachim Ringelnatz als lüsterner Faun – und Filmstar Asta Nielsen findet's urkomisch. Ein Schnappschuß vom Hiddenseer Strand, heiter und unbeschwert – was bald kommen soll, scheint noch ganz unwahrscheinlich.

Zelten ist auf der ganzen Insel verboten), eine prosperierende Pest; die Hiddenseer müssen sich was einfallen lassen dagegen.
Dabei hat hierzuinsel niemand was gegen Fahrräder. Wie denn auch, sie sind das gängige Verkehrsmittel über größere Strecken, die es auf Hiddensee allein in nord-südlicher Richtung gibt. 17 Kilometer ist die Insel lang und maximal 3,7 Kilometer breit, an der schmalsten Enge gar nur 250 Meter. – Nichts Vergnüglicheres, als auf der Plattenstraße von Kloster durch Vitte nach Neuendorf zu radeln, vom freundlichen Westnordwest unmerklich sanft geschoben. Aber der Rückweg! Dieser widerwärtige Westnordwest-Gegenwind! Da hilft es wenig, sich ständig neu zu versichern, wie gut das für die Kondition sei.
Heute ist es windstill und der Himmel verhangen, das trotz aller UV-Warnungen der Dermatologen primäre Strandurlaubsziel (Braunwerden!) daher vorübergehend außer Kraft gesetzt – ideale Voraussetzungen für eine Radtour mit Picknick in den tiefen Süden.
Aus Kloster kommend, fallen in den Wiesen am Ortsrand von Vitte schon von weitem zwei ungewöhnliche Häuser auf. Vor allem deren hohe, rote Ziegeldächer: das eine, als habe man einen unregelmäßig bauchigen Bootsrumpf kieloben über die Mauern gestülpt – aus dem anderen, halb Walmdach, halb Kegeldach, blinzeln Gauben wie mandelförmige Augen hervor. „Karusel" steht über der Tür, mit einem s und einem l. Das ist dänisch und heißt Karussell. Ein fröhliches Haus, ein Haus in Ferienstimmung, maritim blau und weiß gestreift seine Wände. Asta Nielsen hat es gehört, die hier seit Mitte der zwanziger Jahre alljährlich ihre Ferien verbrachte, bis sie sich vor den Nazis in ihre dänische Heimat zurückzog. Die beiden benachbarten, noch heute durch ihre architektonische Jugendlichkeit einnehmenden Häuser, hat 1922/23 der große Berliner Architekt Max Taut gebaut.
Vitte ist die „Hauptstadt" der Insel (rund 600 Einwohner). Hier finden sich Bürgermeisterei, Bibliothek, Supermarkt – und Kino, das einzige; ein Zelt im Kiefernwäldchen am Deich. Wenn der Wind durch die Bäume rauscht und die Brandung orgelt, dreht der Vorführer den Ton lauter. – Bescheidene Eigenheime, kleine Villen, türmchenbewehrte Familienpensionen, hölzerne Datschen, zum Glück nur wenig Plattenbautri-

Der Wald auf den Dornbusch-Höhen ist höher, die Bademode knapper geworden, die Strandkörbe haben ihren original-nostalgischen Charme verloren – doch davon abgesehen hat sich seit den Zwanzigern am Bild des Strandlebens bei Kloster nur wenig verändert.

stesse, aber auch nur noch wenige originale alte Fischerhäuser: breit und niedrig, weißgekälkt unter bemoosten Reetdächern, neben den Türen runenartige Hausmarken, eine uralte Hiddenseer Tradition. Das ist Vitte.

Am südlichen Ortsausgang heißt es Schwung nehmen, um den Wall des Binnendeichs zu bezwingen, ohne abzusteigen. Dahinter breitet sich die Dünenheide aus, neben der Steilküste und den Vogelschutzgebieten des Bessin und des Gellen die eigentliche landschaftliche Attraktion der Insel. Und mittendrin in dieser naturbelassenen und -geschützten Zauberwelt aus Birken, Erlen, Zitterpappeln, Wacholder und Kiefern, inmitten der von Heide überzogenen Sanddünen macht sich – man mag es einfach nicht glauben – ein uniformes Feriendorf samt Restaurant-Hotel aus realsozialistischen Zeiten breit.

Nahe dieser „Heiderose“ biegt linker Hand ein schmaler Weg ab, ein Abstecher zum Bodden. Zu Anfang führt er durch Heidewald, dann durch grüne Reetwildnis rechts und links. Nach wenigen hundert Metern senkt sich der Weg neben einer aus dem Schilf geschnittenen Bootsanlegestelle ins Wasser; eine Furt hinüber zur kleinen Fährinsel. Zwischen Busch und Baum leuchten von dort zwei weiße Häuser herüber – zur einen Seite gesäumt von weiten Wiesen, zur anderen von dichtem Wacholdergehölz auf langgestrecktem Strandwall. Ein lüttes Paradies für sich, dem normalen Inselbesucher verschlossen, der Cherub Naturschutz steht unerbittlich dafür. Darum sollen Begehrlichkeiten auch gar nicht erst geweckt werden – durch schwärmerischen Bericht etwa von unberührten Sumpfwiesen und scheinbar endlosen Wacholderheide-Irrgärten, von Herden verwilderter Gotlandschafe – die alten Böcke mit eindrucksvoll gerundeten Hörnern und nie geschorenem zotteligem Vlies –, von Fuchs und Marder und Iltis, von Mittelsäger und Brandgans, die im leeren Fuchsbau nahe ihrem Erbfeind brütet,

oder von der alten überwachsenen Schwedenschanze aus Wallensteins Tagen. Nichts davon! Denn diese Welt für sich wenigstens soll für sich bleiben!

Seit mittelalterlichen Zeiten wohnten hier die Fährleute und hielten mit ihren Booten die Verbindung zur Außenwelt, nach Seehof auf Rügen. 1958 stakte der alte Fährmann Heinrich Gau zum letztenmal – „Hol äwer!“ – über die Bäk zur Lände. Eine jahrhundertealte Hiddenseer Tradition ging sang- und klanglos zu Ende. Neue Hausherren zogen in das betagte Fährhaus: das „Zentralinstitut für Mikrobiologie und experimentelle Therapie, Außenstelle Fährinsel“.

Man mußte schon Geologe, Hydrologe, Botaniker, Ornithologe von Profession sein und ein ernsthaftes wissenschaftliches Interesse nachweisen können, um sich der stillen Schönheit des Eilandes

erfreuen und dort seinen Studien nachgehen zu dürfen. Mit der Wende ist auch diese sinnvolle Zweckbestimmung in Frage gestellt, die wissenschaftliche Außenstelle „abgewickelt". Wer als nächster das Fährhaus bewohnen wird, ist ungewiß. Nur darüber ist man sich einig: Das Inselchen soll seinen weltabgeschiedenen Frieden behalten. Kein Strandhotel, keine Marina, allenfalls geführte Exkursionen für interessierte Inselbesucher.

Zurück zur Hauptstraße; gut zwei Kilometer noch bis Neuendorf-Plogshagen, entlang versumpften Weihern, kleinen Gehölzen, durch weite Wiesen, hinter denen weiße Segel über den Bodden ziehen. Die Neuendorfer Häuser, weiß und reetgedeckt, stehen – in Reihen quer zur Insel vom Bodden zum Strand – einfach so in der grünen Wiese: ohne Gärten oder sonstige Privatsphäre schaffende Abgrenzungen. Ein ungewohntes Bild, in Deutschland zumal. Ein Bild, das noch viel vom alten Hiddensee der Fischer vermittelt. Wenn auch damals, in den armen vortouristischen Zeiten, als Inselleben ständigen Überlebenskampf meinte, der bauliche Zustand der Dörfer, wie historische Fotos dokumentieren, eher trostlos war.

In Plogshagen ist die Straße zu Ende. Aber noch liegen dreieinhalb Kilometer Sandweg nach Süden vor den Rädern, vorbei am rotweißen Süderleuchtturm oder – seemännisch – „Quermarkenfeuer Gellen" in den Dünen des Küstenschutzwaldes, ehe für uns Normalsterbliche an einem Gatter die Welt endgültig verschlossen ist. Dahinter liegt der Gellen, noch einmal dreieinhalb Kilometer Insel. Doch diese Kernzone des Naturschutzgebietes ist allein den fliegenden Inselbesuchern vorbehalten. Unweit des point of return stecken auf der Seeseite im Grund des flachen Wassers Fundamentsteine einer Kirche, die samt Hafen und Leuchtturm im Mittelalter hier, an der damaligen Südspitze der Insel, gestanden hat. Auf festem, trockenem Grund damals – die Insel wächst und schrumpft unaufhörlich, wir wissen es schon. Diese „Luchte" war im frühen 14. Jahrhundert, neben dem Leuchtfeuer vor Lübeck, die erste Befeuerung der Ostseeküste. Sie wurde von den Zisterziensern in Kloster unterhalten. Nichts davon ist mehr zu sehen. Hier, wie überall auf der Insel, laufen heute sommerträge Miniwellen an den Strand, die Kiefern auf den Dünen duften nicht weniger nach Harz als andernorts –, und doch gibt die unsichtbare, die angelesene Geschichtsträchtigkeit dem Ort seinen eigenen Reiz. Der rechte Ort für's Picknick? Warum nicht?

In den ersten Jahren des Jahrhunderts: Vor dem Panorama von Vitte eines der typischen Zeesenboote, mit denen die Hiddenseer Fischer von alters her im Bodden auf Fang fuhren. Heutzutage muß man sich schon ins Stralsunder Meeresmuseum bemühen, um diesen Bootstyp kennenzulernen.

Badefreuden in der Brandung vor dem Strand von Vitte. – Schon zu Beginn der zwanziger Jahre muß es auf der Insel recht (textil)frei zugegangen sein. So wurde in einer Eingabe an den Landrat gefordert, „Vorsorge treffen zu wollen, daß das Nacktbaden und Nacktsonnen auf Hiddensee für die Zukunft aufs strengste untersagt wird, damit die schöne Insel nicht von jedem gemieden werden muß, der noch Ehre und Anstand besitzt.“

Der Seglerhafen von Vitte am Bodden. Noch hat er seinen simplen Charme. Jedoch: Der Hafen soll ausgebaut, vergrößert und mit der für den modernen Segler unverzichtbaren „Infrastruktur“ ausgestattet werden . . . Der Ortsname Vitte stand im Mittelalter rund um die Ostsee als allgemeine Bezeichnung für (zum Teil nur temporär bewohnte) Niederlassungen, in denen sich Fischer und Händler trafen, um den Heringsfang umzuschlagen, zu salzen, in Fässer zu packen und zu verschiffen.

VIT-C16

KARUSEL

Kühe weiden bis zum Rande,
Großer Tümpel, wo im Röhricht
Kiebitz ostert. – Nackt im Sande
Purzeln Menschen, selig töricht.

Und des Leuchtturms Strahlen segnen
Eine freundliche Gesundheit.

Andrerseits Vor steiler Küste
Stürmen Wellen an und fliehen. –
Nach dem hohen Walde ziehen
Butterbrote und Gelüste.

Fischerhütten, schöne Villen
Grüßen sich vernünftig freundlich.
Steht ein Häuschen in der Mitte,
Rund und rührend zum Verlieben.
„Karusel“ steht angeschrieben
Dieses Häuschen zählt zu Vitte.

Asta Nielsen – Grischa Chmara,
Unsre Dänin und der Russe –

Auf dem Schaukelpolster wiegen
Sich zwei Künstler deutsch umschlungen. –

Gar kein Schutzmann kommt gesprungen –
Doch im Bernstein träumen Fliegen.

Um die Insel rudern, dampfen
Treiben, kämpfen Boote, Bötchen.

(Joachim Ringelnatz)

Ihre Farbe ist von van-Goghscher Intensität: Die Blaue Scheune ist nächst Asta Nielsens Sommerhaus von Max Taut das auffallendste und meistfotografierte Gebäude in Vitte. Vor etwa 200 Jahren wurde das niederdeutsche Ständerhaus mit dem abgewalmten Rohrdach als Wohnhaus, Backstube und Scheune vom Betreiber der benachbarten Windmühle gebaut. In den zwanziger Jahren diente das Haus dem „Hiddenseer Künstlerinnenbund“ als Ausstellungsraum und erhielt seine augenfällige Farbgebung.

Wer nun einmal Fährmann war, hatte es auch übernommen, bei jedem Wind und Wetter für die Fähre klar zu stehen. Wie oft habe ich nachts nicht geschlafen, wenn ich wußte, daß da jemand unterwegs war, und man konnte wegen niedrigem Wasser oder wegen der Eisverhältnisse den Betrieb nicht durchführen. Oft wurden einem auch durch das reisende Publikum allerlei Vorwürfe gemacht, obwohl die nachher selbst sehen mußten, daß sie unbegründet waren.“ – So schreibt Heinrich Gau, letzter Fährmann auf der Fährinsel, der 1958 nach 50jähriger Tätigkeit zum letzten Mal sein Boot am Landungssteg im Reet festmachte, in seinen Lebenserinnerungen. Eine vielhundertjährige Inseltradition war damit zu Ende gegangen.

Die Furt durch die Bäk zwischen Fährinsel und Hiddensee ist 180 Meter breit und bei normalem Wasserstand 40 Zentimeter tief; dennoch ist sie unpassierbar für jeden „normalen“ Hiddenseebesucher: Die Fährinsel steht unter striktem Naturschutz. Von den wenigen Bewohnern des Inselchens wird die Bäk heute wie seit jeher im gestakten Boot oder mit dem Pferdefuhrwerk passiert. Im Hintergrund das Ufer von Rügen bei Seehof. Dorthin und zu den im Bodden vorbeiziehenden Dampfern wurde früher der Fährbetrieb unterhalten.

Vor den Häusern liegen erste Braunkohlenberge und warten aufs Einkellern. Die Insel beginnt, sich für Herbststürme und Winterfröste zu rüsten. Doch niemand mag schon daran denken. Diese mildwarmen Septembertage sind noch ganz dem Sommer zugeneigt. Die rechte Zeit und das ideale Wetter für einen Spaziergang in die Dünenheide. Denn jetzt blüht sie, in rosa-zartlila-violett schimmernden, über das Weiß der Sanddünen gebreiteten Teppichen.

Die junge, an anderer Stelle noch zu rühmende „Naturschutzgesellschaft Hiddensee & Boddenlandschaft e. V." unternimmt geführte Exkursionen durch das Dünenheide-Naturschutzgebiet. Auch wem, wie dem Autor, Stadtführungen und Gruppenwanderungen („Sie sehen links... beachten Sie rechts...") ein Greuel sind – hier lohnt der Sprung über den Schatten unbedingt. Mit Engagement, Sachkenntnis und didaktischem Geschick führen die jungen Biologen dieses Naturwunder sowohl en detail als auch in seinen großen Zusammenhängen vor. Man erfährt, ganz angelegentlich und peripathetisch, sehr viel und findet einmal mehr bestätigt, daß man nur sieht, was man kennt. Nach diesen zwei spannenden Stunden sieht man jedenfalls sehr viel mehr. Manche der zahllosen Detailinformationen wird man als botanischer Laie wohl bald wieder vergessen haben, nicht aber das große Ganze: Hier geht es um den Erhalt einer in Deutschland so gut wie einzigartigen Landschaftsform, die, weil hochgradig sensibel, gefährdet ist, wenn sie nicht gehegt und geschützt wird.

Extrem nährstoffarmer Boden, hohe Luftfeuchtigkeit, unbefestigte Dünen, deren Sand vom Wind ausgeblasen werden kann, und von Baumbestand freie Flächen mit vollem Lichteinfall sind die wichtigsten klimatischen und geologischen Bedingungen, von denen das Gedeihen der Dünenheide-Pflanzengemeinschaft abhängt. (Und so kann man hier das scheinbar widersinnige Schauspiel durch die Heide streifender junger Leute erleben, die voll berserkerhaftem Ingrimm zarte Bäumchen mit Stumpf und Stiel aus dem Boden reißen. Doch keine durchgeknallten Rowdies sind da am blindwütigen Werk, sondern ehrenamtliche Naturschützer dabei, den Lebensraum Heide in seiner ursprünglichen Gestalt zu bewahren.)

Zwergstrauchheide nennt der Botaniker die in der Hiddenseer Dünenheide dominante Pflanzengemeinschaft. Wie bereits der Name sagt, ist sie ein Ensemble vor allem zwergwüchsiger Holzgewächse: Besenheide (Calluna vulgaris), Krähenbeere (Empetrum nigrum) und Kriechweide (Salix repens). Eine Besonderheit ist die im Juni in rosa Flor blühende Glockenheide (Erica tetralix), die sich in den feuchten, weil bis zum Grundwasser ausgeblasenen Windmulden ansiedelt. Dort findet man auch so seltene Arten wie Sumpfbärlapp (Lycopodium innundatum) und Rundblättrigen Sonnentau (Drosera rotundi folia). 500 Schmetterlingsarten hat man in der Dünenheide gezählt, und der außerordentliche Reichtum an Flechten, jener geheimnisvollen Lebensgemeinschaft aus Pilzen und Algen, ist ein Indikator für gute Luftqualität. – Doch von der unglaublichen Artenvielfalt der Hiddenseer Pflanzen-, Insekten- und Vogelwelt muß man passionierten Botanikern, Entomologen und Ornithologen nichts vorschwärmen; das hieße Breitblättriges Knabenkraut (Dactylorhiza majalis) in die Glambäkwiesen oder Mittelsäger (Mergus serrator) auf die Fährinsel tragen...

Eine Expedition in Hiddensees Urgeschichte (festes Schuhwerk und die Bereitschaft, dieses unterwegs mehrmals aus- und wieder anzuziehen, als Voraussetzung): Frühjahr oder Herbst sind die rechte Zeit für eine Umwanderung des Dornbusch-Massivs am Fuß des Steilufers, zwischen weiter See und aufragenden Wänden. Entlang der Zone, in der Werden und Vergehen der Insel bestimmt wird und unmittelbar vor Augen liegt. Sehr ameisenhaft klein fühlt sich der Uferwanderer an diesem Schnittpunkt von Vertikaler und Horizontaler. Kahl und steil, gefurcht von tiefen Erosionsrinnen, ragen die mächtigen Wände aus Geschiebemergel, Ton, Lehm, Kies, Kreidefetzen und Sandschichtungen bis zu 70 Meter über den schmalen Geröllstrand. Breite Sandströme gleiten aus der Höhe herab und lassen mancherorts die ausgehöhlte Oberkante der Klippen gefährlich überkragen. Im unteren Bereich fließen breiige Schlammhalden wie Lavaströme aus den Hängen ins lehmtrübe Meer und machen das Vorankommen zur Kletterpartie. Herabgestürzte, den Weg versperrende Lehmklötze, so groß, daß ein LKW sie nicht transportieren könnte, lassen sich nur watend umrunden. Schon Wochen oder Monate später wird von diesen Hindernissen nichts mehr übrig sein. Die Wellen haben sie zerschlämmt und als insularen Baustoff am Gellen und Bessin abgelagert. Neue Schlammbäche, neue Abbrüche sorgen für Nachschub. Und hoch oben tut der Wind seinen Teil, wirbelt Sandfontänen aus der Wand, bläst sie über das Hochland oder weit hinaus auf die See. Die Insel recycelt sich selbst.

Vor 5.000 Jahren hatte der Block des Dornbuschs, eine eiszeitliche Stauchmoräne, wahrscheinlich noch den doppelten Umfang. Wie rasant Meer, Wind, Frost und Regen am Antlitz der Insel modellieren, mag folgendes Beispiel illustrieren: Ein riesiger Granitfindling von zwölf Kubikmetern Rauminhalt, der 1965 noch unmittelbar am Fuß der Swantewit-Schlucht lag, war zehn Jahre später, meerumspült, schon 15 Meter vom zurückweichenden Kliffrand entfernt... Es läßt sich also – mit ein paar Jahrhunderten Toleranz nach oben und unten – ausrechnen, wann Wind und Wellen den Dornbusch restlos aufgefressen haben werden. Dem vorzubeugen,

hat man schon seit langem Überlegungen angestellt. Und 1937 wurde mit dem Bau eines massiven, 2,80 Meter hohen Steinwalls begonnen, der von der Hucke bis zum Enddorn das gesamte nordwestliche und nördliche Steilufer einfassen sollte.
Als mit Beginn des Krieges die Arbeiten eingestellt wurden, standen 400 Meter des Bauwerks und schützen seitdem die weit ins Meer vorspringende, besonders gefährdete Klippe der Hucke. Und tatsächlich: An der Hucke bildete sich ein natürlicher, sanfter Böschungswinkel, Sanddorn siedelte sich an, die Abbrüche hörten auf. Das große Aber: „Nach Errichtung der Huckemauer verschlechterte sich der Außenstrand – auch zum Leidwesen der Badegäste von Kloster und Vitte – zusehends. Er litt sozusagen an Sandarmut.“ (Ewe, S. 77) Man ließ es sich eine Lehre sein. Nach dem Krieg wurde die Arbeit am Steinwall nicht wieder aufgenommen. Wäre er in seiner ganzen Länge von vier Kilometern vollendet worden, hätte er das natürliche Gleichgewicht zwischen Abtragung und Anlandung gestört und das flache Südland der Insel allmählicher Auszehrung preisgegeben.

Unermüdlich sägen, feilen und fressen Regen, Wind und Wellen am Erscheinungsbild der Insel. Daher wird man, wenn man im Norden Hiddensees an der Steilküste entlangwandert, niemals exakt dieselbe Landschaft erleben, – schon gar nicht die von 1924.

In den Luftwirbeln oben am Kliff liefern sich Dohlen mit waghalsigen Flugmanövern wilde Scheingefechte, sachkundig beäugt von Schwarmgenossen, die am Rand aufgereiht hocken und auf ihre Starterlaubnis in den spielerischen Luftkampf warten. Nur wenig unterhalb ihres hohen Standortes ist der Steilhang in regelmäßigen Abständen und Reihen von Hunderten faustgroßen Löchern perforiert: Eingänge zu den bis über einen Meter tiefen Brutröhren der Uferschwalben, die hier in großen Kolonien nisten. Von den schnellen grau-weißen Seglern selbst ist nichts zu sehen: Sie haben sich wohl schon auf die winterliche Reise nach Ägypten gemacht.
Allmählich senkt sich das Steilufer zum Meeresspiegel hin, und dort, wo die beiden Bessine am Dornbusch angedockt sind, hinter dem Enddorn an der Nordostecke der Insel, wird der Wanderer urplötzlich und brutal aus Hiddensees Urzeit und Naturbelassenheit in die „Zivilisation“ des 20. Jahrhunderts zurückgeholt: Zyklopische Betontrümmer versperren den abgelegenen Strand: Ruinen von Bunkern, herausgesprengt aus den Dünen, in die man sich eingegraben hatte, um mit schweren Geschützrohren den Horizont zu belauern. Es vergißt sich leicht, gerade auf dieser Insel; doch selbst hier hatte sich der Wahnsinn des Krieges eingenistet.
Ist die Uferböschung erklommen, sieht man sich unversehens von dichtem, übermannshohem Sanddorngebüsch umringt, das undurchdringlich die hügelige Landschaft überzieht. Aus silbergrauem Laub leuchten in prallem herbstlichem Überfluß dicht an dicht die goldorangefarbenen Beeren. Zuckersüß müssen sie schmecken, so wie sie aussehen; doch eine Kostprobe belehrt: quietschsauer, ungenießbar. Daß sie dennoch die Köstlichkeit sind, konnten wir schon im März erfahren, als die Wirtin im „Haus am Hügel“ ihren Sanddornlikör servierte. „Selbstgemolken“, hatte sie stolz-bescheiden angemerkt. Selbstge- was? Inzwischen wissen wir alterfahrenen Hiddenseebesucher es längst. Wir haben es selbst schon ausprobiert: Sanddorn wird nicht gepflückt, dazu sitzen die kleinen Früchte zu fest und wehrhaft zwischen langen, spitzen Dornen, sondern – ja eben: gemolken. Das geht so: Man hängt sich ein Eimerchen vor die Brust, streift feste Gartenhandschuhe über, umfaßt vorsichtig, der Dornen wegen und um der Pflanze nicht zu schaden, die rings von Beeren ummantelten Zweige – und preßt die Hand zur Faust. Milchig trübe fließt der vitaminreiche Fruchtsaft zwischen den Fingern hervor. Klären, durchseihen, mit viel Zucker zu einem dicken Sirup verarbeiten. Ob als Gelee eingekocht, ob mit Eiswasser als erfrischender Drink, mit kochendem Wasser aufgegossen als Prophylaktikum gegen Erkältungen, auf das die Insulaner schwören, oder mit Alkohol aufgesetzt als Likör, von dem man sich nur zu gern nachschenken läßt – in allen Varianten verführt das reiche herbsandige Aroma. (Auch nicht übel: Roastbeef mit einer Mischung aus Sanddorngelee, zerstoßenem grünem Pfeffer und trockenem Weißwein zu glacieren . . . Alle Rechte beim Autor.)

Durch des Äthers blaues Schweigen
geht Bewegung grüner Bäume,
und ein Rauschen in den Zweigen
mischt sich in der Brandung Schäume.
Und ein kleiner Vogel kündet
alles dies mit seinem Liede,
das in meinem Herzen mündet,
und so blüht um mich ein Friede.
(Gerhart Hauptmann)

Das Naturschutzgebiet Dünenheide zwischen Vitte und Neuendorf, eine der anmutigsten Partien der an Naturschönheit reichen Insel. Paradox: Gerade weil die Pflanzengemeinschaft dieser Zwergstrauchheide anspruchslos auf extrem nährstoffarmem Sandboden gedeiht, ist ihr Erhalt gefährdet und bedarf ständiger Pflege. Und Pflege kann sogar bedeuten, die Heide partiell abzubrennen.

Vor Wildrosengebüsch und Sanddorndickicht im hohen Gras der weiten Wiesen auf dem Altbessin – Ton in Ton – ein Mutterschaf mit seinem Lamm. Erst im 17. Jahrhundert begann sich die schmale, heute über drei Kilometer lange Halbinsel des Altbessin zu bilden; und der inzwischen gleichlange benachbarte Neubessin gar erst in diesem Jahrhundert. Hiddensee – eine Insel „in progress" – noch immer.

An den Steilküstenabbrüchen im wilden Norden der Insel wird dem Wanderer die immerwährende landschaftsverändernde Gewalt von Meer, Wind, Regen und Frost unmittelbar vor Augen geführt. Was dem uralten, von den Gletschern der letzten Eiszeit aufgestauchten Inselkern hier entrissen wird, baut am Bessin und am Gellen neues Land aus dem Meer.

Nicht zuletzt die schroffen und hier so nah beieinanderliegenden landschaftlichen Gegensätze bewirken, daß sich das Bild Hiddensees tief in die Seele prägt: im Süden die sanfte Harmonie von Heide, Wiesen und stillem Bodden – und nur wenige Kilometer entfernt im Norden der ewig unentschiedene wildzähe Kampf zwischen ruhelosem Meer und urweltlich ungestaltem Land.

Winter auf Hiddensee, ein richtiger, ein klirrendkalter – wie sehr hatten wir es uns gewünscht: den Blick vom Dornbusch über das verschneite Südland und dichten, weißen Rauhreif auf den Reetdickichten am Boddenufer, knirschend aufgetürmte Barrieren aus blauschimmernden Eisschollen vor dem Weststrand und dick eingepackt im Pferdeschlitten hinüber nach Rügen. So zeigen es Fotos, so steht es in Büchern, so vertellen es die Insulaner. Im Winter 1986/87 währte die Eisperiode auf Hiddensee vom Januar bis zum April, 114 Tage, mehr als ein Vierteljahr. Der Winter 1991/92 dagegen brachte gerade mal für kurze Zeit eine knisternde Eishaut im Schilf zustande, zu dünn sogar, um das Reet für die Dächer der Hiddenseehäuser zu schneiden. Im Frühjahr hatte in den Uferwiesen noch die winterliche Ernte des vergangenen Jahres gelegen, Berge goldgelben Schilfs, zu dicken Garben gebündelt. Und im Reetgürtel vor dem Schwedenhagen bei Kloster und zwischen Grieben und dem Altbessin breiteten sich die weiten, mit der Sichel gemähten Flächen.

Zitieren wir also, zur Beschreibung der winterlichen Insel, einen kompetenten Berichterstatter, den zu erwähnen ein Hiddensee-Buch nicht versäumen darf: Arnold Gustavs, allseits verehrter Inselpfarrer über 45 Jahre, verdienstvoller Heimatforscher und engagierter Naturschützer, international renommierter Keilschriftexperte und langjähriger Freund Gerhart Hauptmanns. Von 1903 bis 1948 hatte Gustavs die Pfarrstelle auf Hiddensee inne und hinterließ mit seinen „Aufzeichnungen eines Inselpastors" ein eindrucksvolles, informatives und vergnüglich zu lesendes Porträt der Insel, ihrer Geschichte und ihrer Bewohner. Darin schreibt Gustavs: „Lange und harte Winter mit viel Eis und Schnee verleihen der Insel ein geradezu märchenhaftes Gepräge. Dann sieht das Auge von den Hügeln aus im Norden nichts als eine unabsehbare Eisfläche, die freilich nicht glatt und blinkend ist, sondern aus zusammengeschobenen Schollen besteht, die sich in der Nähe des Ufers zu Bergen bis zu zehn Meter Höhe auftürmen können. In dieser Eiswüste befinden sich hin und wieder offene Stellen, auf denen sich die Wasservögel tummeln. Man hört ihre

Auch ein Bild, das man in den 90ern auf Hiddensee immer seltener sehen wird: netzeflickende Fischer. Denn mit den Perspektiven für die Inselfischerei sieht es in Zukunft alles andere als rosig aus.

Schreie, unter denen vor allem der melodische Ruf der Klashaniks, der nordischen Eisenten, wundersam ins Ohr klingt. Am Strand sind die Wogen oft zu bizarren Formen aufgefroren." (Gustavs, S. 133 f.)

Gustavs beschreibt auch plastisch die winterliche Abgeschiedenheit, wenn die letzten Urlauber abgereist waren und das Leben der Inselbewohner in gemächlichere Gangart fiel. Daran hat sich grundsätzlich nicht viel geändert, obwohl die Insel inzwischen auch winters durchaus nicht „leer" ist. Zumindest über Weihnachten und Neujahr fällt es schwer, ein Bett zu finden, wenn man nicht lang genug vorausgebucht hat; die Gemeinde der Hiddensee-Enthusiasten ist groß und, wen wundert's, ständig im Wachsen. – Es braucht ja auch gar nicht Frost, Schnee, Eis und Sonnenschein, um die Insel zu genießen. Selbst bei tiefem, grauverhangenem Himmel und Nieselregen können Strandwanderungen, schräg gegen den anstürmenden Wind gestemmt oder, mit dem Wind, fast getragen von ihm, umhüllt vom Brausen der Kiefernwälder und Rauschen der hochgetürmten Brandung, zur körper-, hirn- und seelenbefreienden Aufgeräumtheit werden. Und wie besonders gut schmecken Sturmbowle, Hiddenseer Fischsuppe und Schmoraal, wenn Regenschauer gegen die Scheiben trommeln und Böen die Gasthausecken umheulen! Derweil plustern sich am Bessin, auf dem Libben, am Schwedenhagen und Geller Haken zu Tausenden andere Wintergäste, Schnabel im Wind, gegen die Kälte.

Schließt das Eis die Insel ein und versperrt den Seeweg, kommen auch heute noch Pferdestärken in Originalform zum Einsatz; schwere, semmelblonde Rösser werden vor Schlitten gespannt und halten die Warenzufuhr von Rügen her aufrecht. Das hat seine Risiken, die Hiddenseer kennen sie aus generationenlanger Erfahrung: „Wenn man nicht riskieren will, plötzlich einzubrechen und elend zu ertrinken, muß man die Ströme meiden. Das Eis ist auf breitem, tiefem Wasser am sichersten. Auf den Schaaren und Untiefen ist es am dünnsten und taut dort im Frühjahr auch am ersten auf. Am gefährlichsten sind die Ströme, das heißt Stellen, an denen die Wasser eingeengt sind, wie zum Beispiel im Trog, der Fahrrinne zwischen Seehof und Fährinsel. Dort fließt das Wasser schnell wie ein Strom und nagt das Eis von unten stetig ab. Da heißt es, vorsichtig zu sein." (Gustavs, S. 134)

Die wirklich weltferne Inselzeit ohne Post und Zeitung kommt, wenn in harten, frostreichen Wintern die Eisdecke noch nicht oder nicht mehr trägt und der Schiffsverkehr unmöglich ist. „Terbroken Fähr" nennen die Insulaner diese Zeit, die früher über Leben und Tod entscheiden konnte. Für den durchgebrochenen Blinddarm und andere Notfälle hält die Neuzeit Hubschrauber parat, und der Fernsehapparat gewährleistet die Anbindung an die täglichen Katastrophen und Spielshows der weiten Welt. Auch muß man heute keine Petroleumfässer mehr frostfrei im Erdreich vergraben, der Schalter für Licht und Nachtspeicherheizung funktioniert auch bei winterlicher Kontinentalsperre. Doch ungeachtet dessen wird das Inselferne-Gefühl gerade in solchen Tagen besonders mächtig.

Je unwirtlicher das Winterwetter mit schneidendem Wind und hochgehender Flut einstürmt, desto mobiler werden, zumal nachts, die Adepten einer Liebhaberei, die ungleich mehr körperlichen Einsatz verlangt als Briefmarkensammeln oder Guppyzüchten. Bei knackigem Südweststurm zumal kann nichts sie unterm Reetdach halten. Eingepackt in viele Lagen Wollenes, brusthohe Stiefelhosen aus Gummi darüber, ausgerüstet mit Kescher und Taschenlampe, streben sie jenen Stellen am Strand zu, die nach Überlieferung, Erfahrung und Intuition die reichste Ernte versprechen. Bis zum Bauch arbeiten sie sich in die eiskalten Wellen vor, fischen Tang ab und durchfingern den Fang sachkundig, Mal um Mal, ohne fündig zu werden. Dann aber ertasten die klammen Hände zwischen glitschigem Geschlinge doch einen braunen, unansehnlichen Klumpen, und die Plackerei hat sich wieder einmal gelohnt. Erst nach dem Polieren mit Bürste und Schleifpaste enthüllt der Fund seine sanfte Schönheit: von Milchweiß über durchsichtiges Goldgelb wie flüssiger Honig bis zu Dunkelrot und Braun kann seine Färbung variieren – womöglich gar mit einer winzigen Fliege, einem Farnzweiglein eingeschlossen im Inneren des fossilen Harztropfens.

Bernstein, das Gold der Ostsee – auf Hiddensee kann man es noch finden. In mancher Seemannskiste auf manchem Dachboden, munkelt man auf der Insel,

Ortskenntnis der Fischer bis zu den dänischen Küsten Tribut zollte, mag eine Rolle dabei gespielt haben oder nicht. Jedenfalls ist es damit nun vorbei. Wortkarg und mißvergnügt hocken die Fischer, ehemals in der „Produktionsgenossenschaft werktätiger Fischer Hiddensee" organisiert und nun in die westliche Konkurrenzwirtschaft entlassen, bei Bier und Korn um den Stammtisch. – Ob sie den Vorwendezeiten nachtrauerten? „Nö, dat nu nichgradens, aaber . . .", die Antworten tröpfeln zögerlich. Die freien Marktpreise für den Fisch, den sie hier herum fangen, über 80 Prozent Hering, stehen in keiner ökonomischen Relation zu den drastisch gestiegenen Kosten, insbesondere für Diesel. Noch 1988 haben Hiddensees Fischer über 1.500 Tonnen Fang angelandet und gut daran verdient. Heute lohnt sich das Ausfahren nicht mehr. Ein bißchen Edelfisch für die Restaurants, das soll es dann gewesen sein? Kann man davon leben? Sicher, da sind noch die Einnahmen aus der Vermietung an die Urlauber; aber hier geht, wie vielerorts in „Neufünfland", etwas kaputt, was nicht wieder zu reaktivieren wäre, sollte es denn erst einmal zerschlagen sein: eine jahrtausendealte Tradition insularer Selbstversorgung aus dem Meer. Eigentlich das Nächstliegende und Natürlichste, sollte man meinen. Inzwischen aber offensichtlich sehr anachronistisch und abwegig.

Eine Hiddenseer Attraktion der besonderen Art; wenn denn der Winter mitspielt: die Reise im Pferdeschlitten übers Eis nach Rügen oder gar nach Stralsund. Hier im Hintergrund die Kirche von Schaprode/Rügen.

fänden sich Schätze davon. Denn auch den Fischern geht er als willkommener Beifang ins Netz. Ansonsten nicht mehr viel. Das liegt nicht an den Fischen oder den Fischern; das liegt an den gewendeten Verhältnissen. Vordem waren Hiddensees Fischer zumindest finanziell der Inseladel, die eigentlich Privilegierten neben den prominenten Inselgästen in ihren Reetdachvillen. Kein international steigender oder fallender Marktpreis mußte sie interessieren. Ansehnliche Fangprämien garantierten ein überdurchschnittliches Ein- und Auskommen.

Ob die staatliche Gewalt damit den motorstarken Kuttern und der genauen

Bootsmasten im Seglerhafen von Vitte über dem Kamm des Binnendeichs. – Auch auf der seeabgewandten, der Boddenseite, ist die Insel bei Hochwasser gefährdet. Wenn Stürme die Wassermassen durch den Libben von Norden in den Bodden drückten, waren das flache Land und die Ortschaft Vitte in der Vergangenheit oft genug überflutet. Durch den vier Meter hohen befestigten Dünen- und den Boddendeich zwischen Vitte und Kloster, gebaut in den Jahren 1963 bis 1981, ist diese empfindliche Inselzone nun – soweit in menschlichem Vermögen – vor Sturmfluten geschützt.

In den Wiesen am Bodden haben Neuendorfer Fischer ihre Netze zum Trocknen ausgelegt. – Jedem Hiddenseebesucher, der zu Schiff von Stralsund die Insel ansteuert, fallen im Bodden die großen Kammerreusen ins Auge, vor allem wegen der reglosen schwarzen Kormorane, die wie düstere Trauergemeinden auf den Pfählen der Reusen hocken; trauernd auch sie um den durch die Wiedervereinigung eingeleiteten allmählichen Niedergang der Hiddenseer Fischerei?

A
n den Hiddenseern können Dachziegelfabrikanten nicht reich werden: Den Insulanern wächst das Material zum Decken ihrer Häuser bis zur Tür. In den armen, den vortouristischen Zeiten, als die Hiddenseer, gedrückt von den jeweiligen Inselherren, vom Ertrag der Fischerei und der mageren Wiesen das Überleben kaum sichern konnten, wurde auch das geschnittene Schilfrohr verkauft – und Seegras, das zum Polstern von Möbeln verwandt wurde.

NEUENDORF

Im Fischerhafen von Neuendorf. Zwar ist Neuendorf die jüngste Ortschaft auf Hiddensee, „erst" um 1700 gegründet, doch hat es am meisten vom ursprünglichen Charakter eines insularen Fischerdorfs bewahrt; wie auch die „Süder", die Bewohner von Neuendorf und Plogshagen, als die Traditionalisten der Insel gelten, bei denen sich alte Bräuche und volkstümliche Überlieferungen am längsten erhalten haben.

Möwenblick auf Fischerhaken (ganz links), die Bucht Schwarzer Peter, die auch als Seglerhafen dient, und auf den gepflasterten Erdwall, die Nahtstelle Hiddensees. Hier, an ihrer schmalsten Stelle (125 Meter), wurde die Insel 1864 bei einem verheerenden Nordweststurm in zwei Teile zerrissen. Zwei weitere Sturmfluten verbreiterten und vertieften in den folgenden Jahren den Riß, so daß sich die See schließlich in einem 250 Meter breiten und sieben Meter tiefen Strom in den Bodden ergoß, die Neuendorfer von ihren Wiesen im Süden abschneidend und den Schiffahrtsweg zwischen Stralsund und Schweden entlang der Westküste Rügens versandend. Erst 1879 gelang es durch den Bau des Dammes und die Befestigung der Seeseite, die Insel dauerhaft wiederzuvereinen.

Eine Schöne unter Schutz

Hiddensee ist ein internationaler Verkehrsknotenpunkt. Einzig die Karte der Flugbewegungen über dem Großraum Frankfurt/Main zeigt eine solche Dichte von An- und Abflügen wie eine Karte Hiddensees mit den eingezeichneten Fluglinien. Gravierender Unterschied: Auf Hiddensee beschwert sich niemand über Luftverschmutzung durch Düsenabgase oder Start- und Landungslärm. Obwohl auch Kraniche und Wildgänse, mit schrillem Schrei nach Norden oder Süden ziehend, beachtliche Phonstärken entwickeln. Nirgendwo sonst im deutschen Raum, und schon gar nicht auf so engem Raum, findet man eine vergleichbare Artenvielfalt (mehr als 250 Spezies) und Menge von Brutvögeln, Durchzüglern und Wintergästen versammelt.

Die Inselbesucher der frühen Jahre nach Hiddensees „Entdeckung“ sahen in dem Naturparadies allerdings vielfach kein zu schützendes Gut, sondern ein Eldorado der Wasservogeljagd. Noch Heinrich Gau, letzter Fährmann der Insel, berichtete 1960 in seinen Lebenserinnerungen aus seiner Jugendzeit: „Noch schlimmer war es, wie der Gutsbesitzer die Jagd hatte. Bei dem wohnten Studenten, die hatten ein Segelboot und schossen nun auf alles, was ihnen vor die Flinte kam. Die Studenten kamen auch zu uns nach der Fährinsel und schossen hier während der Brutzeit die alten Vögel, auch zum Teil von den Nestern. Somit kamen die Eier und auch die Jungen um. Diese Brutalität konnten die Vögel nicht ab, es wurde alles zerstört.“ (Ebbinghaus, S. 246)

Bis 1910 dauerte es, ehe Hiddensee endlich unter Vogelschutz gestellt wurde. Die Wahrnehmung der Schutz- und Hegemaßnahmen lag in den Händen verschiedener privater Vogelschutzgruppen, die zeitweilig, so muß man aus den Veröffentlichungen schließen, mehr Energie in die Pflege erbitterter Rivalitäten als in die ihrer Schutzbefohlenen investierten. Seit 1954 ist die gesamte Insel als Landschaftsschutzgebiet ausgewiesen, mit den Naturschutzgebieten Dornbusch und Bessin im Norden, Dünenheide und Fährinsel im Mittelteil sowie im Süden Gellen und Gänsewerder.

Doch wer glaubt, damit sei das Biotop Hiddensee weiterer Gefährdung durch menschliche Eingriffe enthoben gewesen, der irrt. Einige Beispiele: Von dem im Jahr 1958 in die Dünenheide geklotzten Urlauberdorf war schon die Rede, von den zahlreichen Prominenten-Datschen drumherum noch nicht. 1972 wurde die landwirtschaftliche Nutzung der Insel im Rahmen der Konzentration und Spezialisierung der Agrarproduktion dem Volkseigenen Gut Zingst übertragen. An Landschaftsschutz nicht im mindesten, um so mehr aber an gewinnorientierter intensiver Weidewirtschaft interessiert, ließen die Agrarbürokraten die mageren Inselwiesen düngen, was die Chemie hergab. Mit dem Ergebnis: Das Wollgras, dessen weiße Wattebäusche im Sommer das Wiesenbild bestimmt hatten, und das Kleine Knabenkraut, eine der stark gefährdeten einheimischen Orchideen, von denen früher Hunderte Exemplare auf Hiddensee zu finden waren, verschwanden fast vollständig.

Doch auch nach der Wiedervereinigung tun sich irritierende Dinge: Seit Unterschutzstellung war das Betreten des gesamten Altbessin sowie des südlichen Teils des Neubessin über Jahrzehnte verboten. Zu Recht und von jedem naturliebenden Hiddenseebesucher akzeptiert, handelt es sich bei diesem Gebiet doch um die Kernzone der Brut- und Rastplätze unzähliger Wasservögel. Eine der ersten Taten der Verwaltung des 1990 gegründeten „Nationalparks Vorpommersche Boddenlandschaft“ war nun – die Öffnung des Altbessin für jedermann. Keine Frage, es ist ein begeisternder Wanderweg durch weite Wiesen, die mit ihren einzelnstehenden Baum- und Strauchgruppen einer Savannenlandschaft ähneln, entlang dichter Schilfwälder und Sanddornwildnis auf den Strandwallfächern bis zur Spitze der Halbinsel, wo unweit im Wasser, auf der Sandbank der Bessinischen Schaar, Gänse, Schwäne und Enten in großen Gruppen versammelt stehen. Eine Bereicherung für den Inselbesucher, keine Frage – ob aber auch eine Bereicherung für den Inselschutz, steht sehr zu fragen. Eine erste Konzession an die westliche Freizeitgesellschaft? Marina, Funcenter, Golfcourse und Hiddensee 2.000 als Endstadium? Sollte das resignierte Resümee eines Naturfreundes und Hiddenseeliebhabers zutreffen, der konstatierte: Insgesamt und trotz allem wurde der Naturschutz zu DDR-Zeiten ernster genommen als jetzt?!

Letztes Fallbeispiel: Nach der Wende hatte die Gemeinde Hiddensee eine mit dem Fährpreis kassierte Umweltabgabe von bescheidenen 2,– DM pro Besucher erhoben; ein dringend benötigter, jedermann einleuchtender finanzieller Beitrag zu den mannigfaltigen Umweltaufgaben im Zusammenhang mit den Besucherströmen. Gegen die Rechtmäßigkeit dieser Abgabe klagte – nein, nicht etwa der Handels- und Gewerbeverein, sondern das zuständige Landratsamt in Bergen auf Rügen. Die Erhebung mußte eingestellt werden. Andererseits ist über die Anerkennung als Kur- und Erholungsort, von der die Berechtigung zur Erhebung einer Kurtaxe abhängt, noch nicht entschieden. So geht die Gemeinde Hiddensee, neidischen Blicks auf die kurtaxengefüllten Kassen altbundesdeutscher Seebäder, mit leeren Taschen und einem Sack drängender Probleme in die Zukunft . . .

Es gibt auch Positives zu berichten: 1990, die Flutwelle der freien Marktwirtschaft war gerade mit Macht über die abgewickelte DDR hereingebrochen, versammelte sich eine Gruppe Greifswalder Biologiestudenten, die während ihrer Hiddenseer Praktika die Insel kennen- und liebengelernt hatten und gründeten die „Naturschutzgesellschaft Hiddensee & Boddenlandschaft e. V.“. Über ihre Ziele schreiben die Naturschützer:

„Maßnahmen der Gebietsbetreuung sollen helfen, den einzigartigen Lebensraum Vorpommersche Boddenlandschaft zu schützen. Wir fühlen uns für die Einhaltung der Naturschutzvorschriften im Gebiet verantwortlich und wollen hierbei richtungweisend wirken. Störungen und Gefährdungen sowie Fehlentwicklungen des Tourismus versuchen wir, von der schützenswerten Natur abzuwenden.
Praktische Pflegemaßnahmen sollen helfen, den Lebensraum Boddenlandschaft für die typische Tier- und Pflanzenwelt zu erhalten. Das während unserer Arbeit angesammelte Wissen soll wissenschaftliche Grundlagenarbeit unterstützen und dazu beitragen, neue Erkenntnisse für den Erhalt der Lebensräume Hiddensee und der Boddenlandschaft zu gewinnen.
Wir gehen davon aus, daß Fehlverhalten gegenüber der Natur nicht auf Vorsatz, sondern auf Unkenntnis und Gedankenlosigkeit beruht. Deshalb wollen wir durch zielgerichtete Information dazu beitragen, naturkundliche Sachverhalte in einer breiten Öffentlichkeit bekannt zu machen. Führungen und biologisch sachbezogene Exkursionen durch die Schutzgebiete sollen Jung und Alt eigenes Naturerleben vermitteln und aufzeigen, wie man sich gegenüber der Natur richtig verhält. Sie sollen dem Besucher unter Einhaltung gesetzlicher Bestimmungen und Wahrung der Rücksichtnahme ermöglichen, die offensichtlichen und verborgenen Schönheiten der Landschaft zu sehen.
Mit einer ständigen Ausstellung in Vitte auf der Insel Hiddensee sowie Vorträgen bieten wir Informationen für die Besucher Hiddensees vor Ort.
Kinder aller Altersstufen sollen durch umweltpädagogische Programme spielend mit Natur und Naturschutz bekannt gemacht werden."
Daß sie den Mund nicht zu voll genommen haben, bewiesen Einsatz und Ergebnisse bereits in der ersten Saison nach der Gründung: 2.300 Inselbesucher nahmen an rund 90 geführten Wanderungen und Exkursionen durch die Naturschutzgebiete teil, 7.000 besuchten die naturkundliche Informationsausstellung in Vitte. Die Ausstellung, die in ihrer Präsentation den erkennbaren Geldmangel durch phantasievolles Improvisationstalent mehr als aufwiegt, führt in didaktisch geschickter Aufbereitung den interessierten Laien anschaulich in das komplexe Netzwerk der Insel-Ökologie und ihres fragilen Gleichgewichts ein.
Gemeinnützig und ehrenamtlich, engagiert und sachkundig, freundlich und unkompliziert, aber auch hartnäckig und unbequem, wenn es um die Sache geht, setzte die junge „Naturschutzgesellschaft" schon im ersten Jahr ihres Bestehens ganz selbstverständlich einen gewichtigen Teil der vom großen, öffentlich subventionierten Bruder „Nationalpark" in feinen Vierfarbdruck-Leporellos präsentierten Naturschutzziele in die Tat um. Die Pläne der „Naturschutzgesellschaft" für die kommende Zeit: Fortführung und Ausweitung der Informationsausstellung, Schlechtwetter-Diavorträge, ein auf den Fährschiffen zu verteilendes Faltblatt mit Verhaltensregeln und Einführung in die Naturschutzproblematik Hiddensees, tägliche Führungen von Mai bis September, Workcamps zur Pflege der Dünenheide, Strandfeste und umweltpädagogische Spiele für Kinder in der Natur und mit der Natur, Hiddenseetage für Schulklassen – und im wissenschaftlichen Bereich: dreimal jährlich Monitoring des Zustandes der Dünenheide, eine Dokumentation der Dornbusch-Bodenerosion, eine biologische Bestandsaufnahme und Untersuchung der Fährinsel.
Am Rande bemerkt, doch nicht nebensächlich gemeint: Der Erfolg der „Naturschutzgesellschaft" ist ebenso abhängig vom freiwilligen Einsatz qualifizierter Mitarbeiter wie von finanzieller Unterstützung durch Förderer. Eines allerdings ist eine Spendenbescheinigung nicht: ein Ablaßzettel für eigenes Nicht- oder Fehlverhalten. Denn Naturschutz ist keine delegierbare Aufgabe, Naturschutz beginnt und endet bei Einsicht und Einsatz eines jeden von uns. Auch in diesem Sinne läßt sich der Vers verstehen, der die Giebelwand des Pfarrhauses in Kloster schmückt; der niederdeutsche Schriftsteller Will Vesper schrieb ihn:

Gottes
ist Woge und Wind.
Aber Segel und Steuer,
daß ihr den Hafen gewinnt,
sind euer.

Weltabgeschiedenheit. Eine Insel hinter der Insel: das alte Fährhaus auf der Fährinsel zwischen Hiddensee und Rügen. Heute wie einstmals, obwohl nur durch eine schmale Furt von Hiddensee getrennt, ein Ort fern von der Welt. So soll es bleiben.

Einsam zwischen den Dünen des Küstenschutzwaldes reckt sich auf dem Gellen im Süden der Insel der gedrungene Süderende-Leuchtturm (auch: Gellen-Quermarkenfeuer, 1905 errichtet, 12 Meter hoch, feststehendes Licht von 360° Umkreis mit fünf Sektoren in rot, weiß und grün). Im nostalgischen Gußeisen-Design und verschossenen rotweißen Anstrich wirkt er wie ein letzter verlorener Vorposten menschlicher Technik irgendwo fern in den Weltmeeren, weitab von allem. Und genauso fühlt man sich auch, wenn man zum Baden hierher geradelt ist . . .

Blick über die Fährinsel vom boddenseitigen, mit Feuersteinschotter bedeckten Ufer durch Wacholderwildnis hinüber zum Fährhaus am Hiddensee zugewandten Ufer. Verborgen im Dickicht liegt ein dreieckiger Erdwall, die sogenannte „Schwedenschanze" aus dem Dreißigjährigen Krieg. Die hier aufgepflanzten Geschütze konnten, im Verein mit denen der Schanze bei Seehof auf Rügen, den Seeweg an dieser Engstelle des Boddens wirkungsvoll kontrollieren.

Noch einmal die Fährinsel, diesmal von der Höhe eines Signalmastes, mit weitem Blick aufs Fährhaus samt Nebengebäuden, auf die Bäk und Neuendorf (im Hintergrund links). – Deutlich sind die schmalen, mit Wacholder über Trockenrasen bewachsenen erhöhten Strandwälle und dazwischen die grünen moorigen Senken oder Riegen zu erkennen. Daß kaum ein Hiddenseebesucher dieses abgeschiedene Paradies persönlich kennenlernen kann, ist – je nach Standpunkt – sicher ebensosehr zu bedauern wie zu begrüßen. Wäre die Fährinsel zugänglich für jedermann, sie wäre zweifellos schon längst nicht mehr das Pflanzen- und Tierrefugium, als das sie berühmt ist.

Spät-
sommerlicher Abschiedsblick auf eine stille Insel, die sich für die Nacht bereitet; vom Altbessin über die Lagune und die sanft ansteigende Hügeldünung des Dornbusch hinauf zum Leuchtturm, hinter dem die Sonne versinkt. – „Es war einsam hier, / tief, tief! / So waren auch wir. / Verlassenheit über der Insel schlief."
(Gerhart Hauptmann)

Ankunft

Einfach mal so ganz spontan nach Hiddensee überzusetzen – ein Quartier wird sich dann schon finden – kann man allenfalls außerhalb jeder Saison riskieren, im Februar/März oder November/Dezember vielleicht. Sicherer ist in jedem Fall, entweder direkt bei den Hotels, Pensionen und Privatquartieren oder über die Zimmervermittlung im Rathaus Vitte vorauszubuchen, was für die Hauptsaison und die Zeit um Weihnachten/Neujahr tunlichst langfristig vorher geschehen sollte.

Wer mit dem Zug anreist, wird in Stralsund das Schiff besteigen; für Autofahrer bietet sich auch die (ungleich kürzere) Überfahrt von Schaprode oder Wittower Fähre auf Rügen an. Bewachte Parkplätze bzw. in kleinerer Menge auch Garagen stehen dort zur Verfügung. Außerdem wird Hiddensee von Zingst aus angelaufen. Wer „ungebucht" kommt, sollte das Schiff in Vitte verlassen. Dort befindet sich die Zimmervermittlung für die ganze Insel.

Büchsel, Elisabeth

Es müßte reizvoll sein, einmal ein Buch mit einem repräsentativen Querschnitt aller Bilder zusammenzustellen, die Hiddensee zum Thema haben. Es wäre eine ebenso umfangreiche wie beeindruckende Publikation: die Romantiker Caspar David Friedrich, Philipp Otto Runge, Friedrich Karl Schinkel waren die ersten, die den herben Reiz der vorpommerschen/rügenschen Landschaft als Motiv entdeckten. Zwei Malern der Nachfolger-Generation in der Jahrhundertmitte, Eduard Nieny und Friedrich Preller d. Ä., schon mehr einem Realismus der alltäglichen Themen zugewandt, verdanken wir die ersten künstlerisch hochwertigen Darstellungen Hiddenseer Motive: Dorfszenen, Rauchkaten, die viel vom kargen Leben der Inselbewohner überliefern.

Um 1900 dann wurde Hiddensee für die Landschaftsmalerei entdeckt. Die Werke von Malern wie Moritz Melzer, Erich Heckel, Emil Orlik, Ivo Hauptmann, Willy Jaeckel, Alexander Kanoldt, George Grosz und Ewald Mataré zeigen auf, wie unterschiedliche künstlerische Temperamente und Stile – vom Impressionismus über Expressionismus, Pointillismus und Neue Sachlichkeit bis zur Abstraktion – sich mit dem Sujet Hiddensee auseinandersetzten.

„Die Treueste der Treuen, recht eigentlich *die* Hiddenseer Malerin ist Elisabeth Büchsel", schrieb Arnold Gustavs (S. 120). Ein halbes Jahrhundert, seit 1904, als sie sich in die Insel verliebte, bis zu ihrem Tod 1957 im Alter von 90 Jahren, hat die Künstlerin Jahr für Jahr von Frühjahr bis Herbst auf der Insel gelebt und gemalt. Sie entstammte einer begüterten Stralsunder Kaufmannsfamilie. Ihre große zeichnerische Begabung zeigte sich schon früh, doch einer künstlerischen Ausbildung seiner Tochter zuzustimmen, war dem angesehenen Tuchmacher und Gewandhausaltermann Büchsel – man schrieb die achtziger Jahre des vorigen Jahrhunderts – nicht abzuringen. So war sie bereits 21 Jahre alt, als sie schließlich ihre Ausbildung begann.

Sie studierte in Berlin, Dresden und Paris, machte sich mit Kopieraufträgen und Porträts einen Namen, reiste durch Holland, Frankreich und Italien. Und sie entdeckte Hiddensee, ihre eigentliche künstlerische Destination. Ihre Bilder der Insel sind (bisher noch immer) ungezählt. Landschaften: der berühmte „Inselblick" vom Dornbusch auf das langhingestreckte Südland zu allen Jahreszeiten und Lichtstimmungen; die Steilküste, die weißen Neuendorfer Fischerhäuser auf der grünen Wiese; und immer wieder die Inselbewohner: Fischer beim Netzeflicken, Fischersfrauen beim Spinnen, Porträts der Inselkinder zuhauf. Liebeserklärungen in leuchtenden, hell-pastellenen Farben, mit sicherem Gefühl für die umfassend-große Form.

Im Heimatmuseum zu Kloster hängen zwei schöne und typische Arbeiten: „Inselblick" und „Fischersfrauen am Strand". Außerdem stellt das Museum jährlich wechselnde Skizzen und Zeichnungen aus. Auch das Kulturhistorische Museum in Stralsund zeigt verschiedene Gemälde Elisabeth Büchsels.

Statt der hölzernen Landungsbrücke eine zementierte Hafenmole – auch die Fischerboote und Jachten liegen längst nicht mehr draußen im Bodden auf Reede. Vittes Hafen hat dennoch auch heute nichts von seinem insularen Charme verloren.

Ettenburg, Alexander
Er muß schon ein komischer Kauz gewesen sein; extravagant, den Kopf voll idealistischer Pläne und skurriler Projekte – die Hiddenseer hielten ihn schlicht für „mall“, was soviel heißt wie verdreht, überspannt. Dabei hat er für die Erschließung der Insel als Ferienziel – und damit für den Wohlstand ihrer Bewohner – mehr getan als sonst jemand.
1858 in Schlesien geboren, Gutsbesitzerssohn, wohlhabend, für kurze Zeit Schauspieler, mit literarischen Ambitionen geschlagen, kam Ettenburg in den achtziger Jahren aus Gesundheitsgründen an die Ostsee. In Altefähr auf Rügen steckte er sein Vermögen in eine noble Pension. Notorisch geschäftsuntüchtig, wirtschaftete er sie binnen kurzem herunter und verlor fast alles. Seine große Liebe neben der Dichtkunst wurde die Insel Hiddensee. Keine von beiden erwiderte dieses Gefühl. In Grieben kaufte er ein uraltes Fischerhäuschen und richtete darin eine „Schwedische Bauernschänke“ ein. In den Sommermonaten hielt er hier als dichtender Gastwirt hof, im Winter reiste er Jahr für Jahr als Rezitator und Vortragsreisender durch die Lande, überall und unermüdlich den Lobpreis Hiddensees singend („Kennt ihr das Ländchen, lieblich und traut/Von schäumenden Wogen der Ostsee umblaut?“). Er verlegte einen ersten Hiddensee-Reiseführer, der mehrere Auflagen erlebte, verschickte, vor allem an Künstler aller Gattungen, selbstverfaßte Prospekte. Hiddensee, eine Ferieninsel der Musen – und Ettenburg ihr Orpheus, so etwa mag sein Wunschtraum ausgesehen haben. Und sie kamen, die Künstler, die Idealisten und Naturfreunde. Die bislang unbekannte Insel bekam einen Namen, der Name einen Klang.
Ettenburg vergrößerte sich; er zog um auf den Dornbusch und eröffnete dort, wo heute die Waldgaststätte „Zum Klausner“ steht, seine „Bergwaldschänke Eremitage auf Tannhausen“ samt Wohnlauben aus Brettern und Reet, einem Luft- und Sonnenbad, Turngeräten, Brausebad, Tanz- und Vortragssaal. Er selbst stilisierte sich zum „Einsiedler von Hiddensee“, barfuß, in weiße, fließende Gewänder oder eine schwarze Mönchskutte gekleidet. Am Rande der (von ihm zuerst so benannten) Swantewit-Schlucht errichtete er ein „Naturtheater“, in dem er – Autor, Regisseur, Kostümbildner und Hauptdarsteller in einer Person – seine Dramen „Swantewits Fall“ und „Hidde, die Fee des söten Lännekens“ aufführte.
Das exzentrische Unternehmen florierte anfangs durchaus, die Fremden kamen gern in Ettenburgs Eremitage mit ihrer ungewöhnlichen Atmosphäre von idyllischer Waldeinsamkeit, skurriler Bohème, Zurück-zur-Natur-Attitüde und genialischer Schlamperei. Den Amtswaltern der Behörden jedoch war Ettenburgs Treiben je länger je mehr ein Dorn im Auge: Es paßte so recht in keine Kategorie, man munkelte dies und das. 1909 wurde sein Pachtvertrag nicht erneuert, er mußte seine Zelte abbrechen. In Vitte-Süd versuchte er, in ungleich bescheidenerem Umfang, noch einmal einen Neuanfang, errichtete seine „Einsiedelei Mathilde“, eine kleine Schenke in den Dünen. Mit Ausbruch des Ersten Weltkrieges verebbte der Fremdenstrom; Ettenburg, mit seinem Esel, seinem Kater, in seinen selbstentworfenen, nicht gerade reinlichen Gewändern, dem Alkohol mehr und mehr zugeneigt, war zu einem Hiddenseer Original geworden. Er geriet in Vergessenheit und vereinsamte. Kränklich und wohl schon ein wenig verwirrt, versuchte er sich 1919 in Stralsund auf offener Straße zu erschießen. Man brachte ihn ins Krankenhaus, wo er wenig später starb. Die Insel hatte einen ihrer glühendsten und treuesten Liebhaber verloren. Es war eine einseitige Liebe bis zuletzt.
Tragikomischer Schlußakzent: Nicht einmal Ettenburgs letztem Wunsch, auf „seiner“ Insel zur Ruhe gebettet zu werden, war Erfüllung beschieden. Die Urne mit seiner Asche ging – so heißt es – auf dem Postweg von Greifswald nach Hiddensee unauffindbar verloren.

Fahrräder
Hiddensee ist die Insel der Fußgänger und Radfahrer. Privatautos sind grundsätzlich verboten. Der Gewerbeverkehr, der nach der Wiedervereinigung heftig zugenommen hatte, soll drastisch wieder reduziert werden. Ein Verbundsystem der Warenzulieferung ist in Planung. Es ist ja auch nicht einzusehen, daß jede Eis- und Getränkefirma mit eigenem LKW über die Insel kariolen muß.
Eine Notwendigkeit, mit eigenen Rädern im Gepäck anzureisen, besteht nicht. Es gibt in allen vier Inseldörfern Fahrradverleihe, die moderate Preise haben und ein großes Angebot moderner, stabiler Räder bereithalten. Inselradler und -wanderer sollten beachten, daß Dornbusch und Dünenheide Naturschutzgebiete sind, in denen der Mensch nur als rücksichtsvoller Gast geduldet ist.

Friedenspfosten
Am Eingang zum Friedhof und zur Kirche von Kloster, neben den eindrucksvollen alten Hausmarkensteinen und segelschiffgeschmückten Grabsteinen, steht seit August 1991 ein weißgestrichener Pfahl, der auf seinen vier Seiten in Deutsch, Englisch, Spanisch und Japanisch die Inschrift trägt: „Möge Friede sein auf Erden“. Das schlichte Denkmal wurde der Gemeinde von der an keine Religion gebundenen japanischen „Gesellschaft für den Weltfrieden“ gestiftet. In hundert Ländern der Erde stehen solche Pfosten; überall dort, wo für den Frieden in der Welt gebetet wird. Ein Völker, Kulturen und Konfessionen vereinendes Zeichen. In der Hiddenseer Inselkirche hat das regelmäßige, freitägliche Friedensgebet seit Jahren Tradition.

Hauptmann, Gerhart
Im Sommer 1885 kommt Gerhart Hauptmann (1862–1946) mit seiner ersten Frau und seinem Bruder Carl zum erstenmal nach Hiddensee. Während dieses Besuches schreibt er das in keinem Hiddensee-Buch – außer dem hier vorliegenden – fehlende Gedicht „Mondscheinlerche". Um die Jahrhundertwende sind er und seine zweite Frau Margarete Marschalk mehrmals und ab 1916 oft Sommergäste auf der Insel. Sie nehmen vorzugsweise Quartier in der Lietzenburg oder im „Haus am Meer" (heute Vogelwarte) in Kloster. 1930 kauft Hauptmann der Gemeinde das Haus Seedorn ab und läßt es um einen Anbau mit Arbeits- und Abendzimmer erweitern. 1943 ist der greise Dichter, der fast jährlich während der Sommermonate in seinem Hiddenseer Haus weilte, zum letzten Mal auf der Insel. Am 26. Juli 1946 wird Hauptmann auf dem Friedhof in Kloster beigesetzt. Hiddenseer Fischer tragen den Sarg, Wilhelm Pieck und Johannes R. Becher sind angereist, der alte Pastor Arnold Gustavs, langjähriger Vertrauter des Dichters, spricht die Abschiedsworte. Wie an der Terrasse seines Hauses wächst auch auf dem Grab ein Ableger des Efeus, den George Washington einst auf seinem Landsitz in Vernon gepflanzt hatte. Die Efeupflanze war Hauptmann 1932 bei seiner triumphalen Amerikareise zum Geschenk gemacht worden.
Haus Seedorn ist Gedenkstätte, die original und mit vielen Kunstgegenständen ausgestatteten Räume des Erdgeschosses (Veranda, Diele, Kreuzgang, Abendzimmer mit Bibliothek) können von April bis Oktober täglich von 10.00 bis 16.00 Uhr besichtigt werden.

Hausmarken
Jedem Besucher fallen sie schon beim ersten Gang durch Vitte oder Neuendorf ins Auge: die eigenwilligen, den Buchstaben des germanischen Runenalphabets so ähnlichen Zeichen neben den Türen der alten Fischerhäuser: die Hiddenseer Hausmarken. Wahrscheinlich von westfälischen oder ostfriesischen Kolonisten im 12./13. Jahrhundert auf die Insel gebracht, dienten sie noch bis ins 20. Jahrhundert zur Kennzeichnung allen Hab und Guts, das zu einem Hausstand gehörte, auch der Fischereigeräte und sogar der Tiere und der zur Beweidung ausgelosten Wiesen. Die Hausmarken waren nicht personengebunden. Wurde ein Anwesen verkauft, übernahm der neue Besitzer auch die Hausmarke. Bei Vererbung auf mehrere Söhne veränderte sich die Hausmarke durch einen zusätzlichen Strich, die „Afmark". So entstand im Laufe der Generationen eine immer größere und differenziertere Zahl von Hausmarken.
Neben dem Eingang zur Kirche auf dem Friedhof von Kloster stehen über 50 alte Grabsteine versammelt, von denen manche nicht einmal einen Namen, sondern eben nur eine Hausmarke und eine Jahreszahl, zumeist aus dem 18. Jahrhundert, tragen. Grob und fast unbehauen sind diese Findlingssteine und ungelenk die Zeichen, erkennbar von ungeübter Hand eingehauen. Eine Steinmetzarbeit konnten sich die Fischer nicht leisten; also griff einer der Anverwandten zu Meißel und Hammer und setzte Todesjahr und Hausmarke auf den Stein. Das reichte aus, um jeden Hiddenseer wissen zu lassen, wer hier begraben liegt.

Grieben, das nördlichste und – noch immer – touristisch „unterentwickeltste" der vier Hiddenseer Dörfer, bezieht gerade aus diesem Umstand seinen Reiz, gestern wie heute: abseits vom Strandleben (was de facto bedeutet: 10 Minuten mehr mit dem Rad), eingeschmiegt in die amphibische Boddenlandschaft zwischen Hiddensee und Rügen.

Kulinarisches

Von einer eigentlich „endemischen" Hiddenseer Küche, von Gerichten also, die es nur hier und nirgendwo anders an der Ostseeküste gibt, kann man nicht sprechen. Dafür liegt Hiddensee zu nah an Rügen und das Festland gelagert. Sagen wir: Die Hiddenseer bereiten die typisch mecklenburgisch-vorpommersche Insel- und Küstenkost. Und die zeichnet sich natürlich vor allem durch ihre vielfältigen Fischgerichte aus. Mit Fisch wissen sie umzugehen, das merkt man schnell auf Hiddensee. Auch bei vollen Restaurants und entsprechender Hektik an den Herden geschieht es nur ausnahmsweise, daß Fisch trocken und faserig, zu lange gegart also, auf den Tisch kommt. Aal, Hecht, Butt, Scholle, Barsch, Zander, natürlich Hering und auch der fast unbekannte Hornfisch mit seinen aparten grünen Gräten stehen am häufigsten auf der Speisekarte. Vor allem Aal in vielen Variationen ist bei den Fremden beliebt: als Hiddenseer Aalsuppe (in der, im Gegensatz zur Hamburger, auch wirklich Aal satt schwimmt), als Schmoraal wie Gulasch zubereitet, als Aal sauer, Aal gebraten mit Speckwürfeln oder paniert und fritiert. Aber über fangfrische Hiddenseer Frühjahrs- oder Herbst-Heringe grün, gebraten in Speckfett mit krossen Grieben, lasse ich nichts kommen.

Die Gemüse sind, wenn nicht aus der Dose, fast ausnahmslos importiert und dementsprechend . . . Schaut man in ältere Rezepte der Gegend, so scheinen Ostseeinsulaner Gemüse ohnehin für eine eher überflüssige Beilage gehalten zu haben. (Der Insulaner liebstes Gemüse ist das Schnitzel, murrt der Inselarzt.) Fisch oder Fleisch, dazu Kartoffeln oder aus viel Mehl bereitete „Graue Klöße" (sie schmecken, wie der Name klingt) und Mehlschwitzen – das waren die Grundpfeiler der Küche. Desserts werden von heißen Waffeln und Roter Grütze repräsentiert, was man sich gerne gefallen läßt, wenn sie so luftig-frisch und gartenfruchtig zubereitet sind, wie sie uns serviert wurden.

Ansonsten ist bitter zu beklagen, daß – wie überall, warum also nicht auch hier – die Zigeunersoßen-, Industriefritten- und Mikrowellen-Konformität ihren Einzug längst gehalten hat, während die Soljanka- und Letscho-Ära noch immer nicht weichen will.

Leuchtturm

Weit überragt er die See, ein Wahrzeichen Hiddensees. Mit 28 Meter Länge auf dem 70 Meter hohen Schluckswieckberg postiert, sendet der Leuchtturm sein Blinklicht alle zehn Sekunden je nach Witterung bis zu 20 Seemeilen weit übers Meer, den Seeweg um das gefährliche Nordkap der Insel und den Eingang in das Fahrwasser nach Stralsund weisend. 1888 wurde er eingeweiht: Die Lampen mit Petroleum gespeist, der Linsenapparat durch ein mechanisches Uhrwerk bewegt. Kloster verdankt dem Leuchtturmbau auch den Ausbau seiner Hafenanlage. Neben dem Leuchtturm wurde eine Nebelsignalkanone installiert, die später durch ein Nebelhorn ersetzt wurde, bis auch dieses im Zuge der modernen Ortungstechnik in der Seefahrt überflüssig wurde. 1927 mußte der Leuchtturm mit dem eckigen Stahlkorsett umhüllt werden, das heute noch sein Aussehen bestimmt. Vom Fundament bis zur Spitze reichende Risse, deren Ursache die ständigen Bodenbewegungen waren, hatten die Verkleidung notwendig gemacht. Arnold Gustavs kommentiert lapidar: „Mit diesem Korsett kann der Turm nun nicht weiter aufreißen, er kann nur noch als Ganzes umfallen." (Gustavs, S. 102)

Museum

Das Heimatmuseum in der alten Seenotrettungsstation zu Kloster (geöffnet von April bis Oktober täglich von 10.00 bis 16.00 Uhr) dokumentiert die Geschichte der Insel, beginnend mit der frühesten Besiedlung in der mittleren Steinzeit. Es zeigt anschaulich die archäologischen Ausgrabungen und Funde (Germanengrab, Kloster, Gellenkirche, Hiddenseer Goldschmuck). Schwerpunkte sind Alltagsleben und Brauchtum der Hiddenseer Fischer und Kätner, wie es noch bis in das frühe 20. Jahrhundert bestimmend war. Fischfangtechniken, Küsten- und Naturschutzmaßnahmen, Seenotrettung, Hiddenseer Tier- und Pflanzenwelt sowie

Widerspiegelung der Insel in der Kunst sind weitere Themen, die, detailliert und mit sachkundigen Beschreibungen begleitet, vorgestellt werden.
Durch die Fenster blickt man auf Steilküste, Dünen und weit über die See. Das nostalgische Ambiente des 1888 erbauten Gebäudes, in dem Boote und Raketenapparat untergebracht waren und das auch noch heute zu einem Teil von der Seenotrettung genutzt wird, trägt das Seine zum anheimelnden Reiz des kleinen Museums in den Dünen bei. Eine beabsichtigte und dringend nötige Modernisierung des unbeheizbaren Gebäudes mußte mangels finanzieller Mittel ausgesetzt werden. Um so bedauerlicher, als das bereits ausgestellte Architekturmodell eine sensible, die Struktur und Raumaufteilung des unter Denkmalschutz stehenden Hauses wahrende Lösung zeigte.

Nachtleben
Das sommerliche Nachtleben auf Hiddensee hat mehr zu bieten, als man erwartet: Am Rande des Dornbusch-Waldes machen schattenhafte Zwergfledermäuse pfeilschnell und lautlos Jagd auf Insekten. Um die spärlichen Laternen haben Kreuzspinnen dicht an dicht ihre Radnetze geknüpft und können in warmen Nächten die einfliegende Beute kaum bewältigen. Im Sanddorndickicht des Bessin flöten und schmettern, schluchzen und jubilieren die Sprosser, die „nordischen Nachtigallen". Vom tiefen, glockentönenen Alt bis zum triumphierenden Fortissimo im Sopran reicht der Tonumfang des Hiddenseer Charaktervogels. Eine klare Mondnacht im Juni, ringsumher erfüllt von den steigenden und fallenden Arien der Sprosser – Inselzauber vollkommen.
Das sonstige Angebot? Wenn es auf Hiddensee welche gäbe – die Bürgersteige wären mit Einbruch der Nacht hochgeklappt. Pferdefuhrwerke, so um diese Zeit noch unterwegs, sind, so verfügt der Gemeinderat, mit ordnungsgemäßer Beleuchtung auszustatten (vorn links weiß, hinten rechts rot). Wer im Urlaub eine turbulente „Szene" mit Bars, Discos und Nachtcafés braucht, um „mal richtig einen draufzumachen", der ist auf den falschen Dampfer gestiegen, als er sich nach Hiddensee auf den Weg machte.

Strandleben
Weiß und feinsandig erstreckt sich Hiddensees Weststrand über mehr als zehn Kilometer in nordsüdlicher Richtung. Die Schalen von Sandklaffmuschel, Miesmuschel, baltischer Plattmuschel und Strandschnecke markieren weißgrau-rosa die Flutlinie. Hölzerne Buhnenreihen, auf denen Möwen ihre zänkischen Palaver abhalten, segmentieren den Strand gleichmäßig und ordentlich, hinter dem Deich buckeln Reetdächer, und auf den Dünen neigen sich Kiefern inseleinwärts. Die „Ossis" grenzen den Familienkral mit bunten Tuchwänden ein, die „Wessis" graben unermüdlich Sandburgen; noch sind solcherlei Unterscheidungen möglich.
Am Seenotrettungsschuppen in Kloster, vor Vitte und vor Neuendorf findet das Badeleben unter behütender Beobachtung statt. Aber selbst dort und vor allem an den vielen unbewachten Strandkilometern sollte man, textil oder ohne, Wellengang und Strömung der Ostsee nicht unterschätzen. So harmlos, wie sie sich meistens gibt, ist sie nicht. Eine Kurpromenade, schon gar Kurkonzerte kann man – welch eine Befreiung! – mitsamt der entsprechenden Garderobe, will man nicht overdressed erscheinen, auf Hiddensee vergessen. Für lange Sonnentage am Strand ebenso wie für Regentage unter Dach hält die Gemeindebibliothek in Vitte ein erstaunlich umfangreiches Angebot mit manchen unvermuteten Funden bereit.

Unterkunft
Rund ein Dutzend kleinere Hotels, außerdem Pensionen, eine geringe Anzahl Ferienhäuser, zwei Segelhäfen für diejenigen, die ihr schwimmendes Zuhause mitbringen, und vor allem Privatquartiere sorgen für die Unterbringung der Gäste. Das Zelten ist auf der ganzen Insel untersagt; sich darüber hinwegzusetzen, kann teuer kommen.
Den erwarteten Komfort-Standard sollte man nicht überhoch ansetzen. Die Vermieter geben sich sichtbar Mühe aufzuholen, aber es braucht halt Geld und Zeit. Zimmer mit Dusche und WC sind noch die Ausnahme. Auch ist Wasser auf der Insel eine Ressource, mit der man nicht gedankenlos verschwenderisch umgehen sollte. Die Mehrzahl der Quartiere wird ohne Frühstück und Halb- oder Vollpension vermietet. Man findet dann aber meistens Kaffeemaschine und Geschirr auf dem Zimmer, und das Angebot in Supermarkt und Läden ist reichhaltig, der frisch marinierte und geräucherte Fisch im Hafen von Vitte eine Delikatesse.

Veranstaltungen
Auf der autofreien Insel im kleinen Zeltkino den Film „Go Trabbi go!" zu sehen, während draußen die Brandung rauscht, hat seinen eigenen Witz. – Vom umfangreichen und vielfältigen Angebot der „Naturschutzgesellschaft", von Frühjahr bis Herbst die Insel mit sachkundigen Führern und Vortragenden kennenzulernen, war schon die Rede. Es gibt tägliche Führungen in die Naturschutzgebiete Dornbusch, Bessin, Dünenheide, Salzwiesen und Gellen, außerdem eine spezielle frühmorgendliche Vogelstimmen-Wanderung und die Informationsausstellung in Vitte.
Vortragsabende zu inselspezifischen Themen veranstaltet auch das Heimatmuseum in Kloster. Das Gerhart-Hauptmann-Haus bietet über das Jahr zahlreiche Autorenlesungen und kammermusikalische Abende an, die durch ihren Ort, das Arbeitszimmer des Dichters, zusätzlichen Reiz bekommen. Auch das Ambiente der schönen Dorfkirche trägt das Seine zum Erleben der (Chor-) Konzerte bei, die hier stattfinden. Außerdem organisiert der engagierte Gemeindepastor rund um das Jahr eine Vielzahl interessanter Vortrags-, Diskussions- und Gesprächsveranstaltungen zu kirchlichen und gesellschaftlichen Themen: Sie sind zwar vorrangig für die Gemeindemitglieder gedacht, es ist aber auch jeder Inselbesucher willkommen.

Vogelwarte
Die Seychellen oder Malediven haben weltweit einen Namen; Rügen und Hiddensee wohl „nur" in Deutschland. Den Vertretern eines Berufsstandes allerdings, ob sie nun in Spanien, Ägypten, Südafrika oder Australien leben, ist der Name Hiddensee jedoch überall geläufig. Die Vogelwarte der Greifswalder Ernst-Moritz-Arndt-Universität in Kloster kennt jeder Ornithologe weltweit. Rund 100.000 Vögel läßt die Beringungszentrale der ehemaligen DDR durch 400 ehrenamtliche Helfer alljährlich beringen, die Meldungen von Wiederfunden kommen aus ganz Europa und Afrika, ja sogar aus Australien. Auf diese Weise erhält man Grundlagenmaterial für populationsökologische Untersuchungen, die Aufschlüsse über Zugwege und Überwinterungsquartiere, aber auch über moderne Umwelteinflüsse auf Bestand und Verhalten der Vogelwelt geben.
Mit der Biologischen Station, deren Forschungsschwerpunkte Hydrobiologie, Pflanzenökologie und -soziologie sind, und mit der Hiddenseer Außenstelle des Zentralinstituts für Elektronenphysik ist die Vogelwarte nach der Wiedervereinigung zu einem gemeinsamen Institut für Ökologie zusammengeschlossen worden.

Wetter
„Der Badegast tut gut, auf alle Fälle auch warme Kleidung mitzubringen. Es kann zwar wochenlang mildes, sonniges Wetter herrschen, doch dazwischen können auch rauhe Stürme einsetzen. Vorherrschend sind wohl die Westwinde, die sehr kräftigen Wellenschlag schaffen. Die Hitze wird meist durch eine angenehme Luftbewegung gemildert, die auch die Mückenplage fernhält. Landregen sind auf der Insel selten, Gewitter ebenfalls. Wenn es in Berlin kalt ist und regnet, ist in Hiddensee meist schönes Wetter. Die mittlere Juliwärme beläuft sich auf 18°C. Im Herbst ist es hier länger warm als auf dem Festland, und der September ist gewöhnlich besonders reich an wunderbaren Sonnentagen, der Juni herrlich in seiner Blütenpracht. Köstlich sind auch die Mondscheinnächte mit ihren ergreifend schönen Lichtspielen."
So steht es in einem 1917 von der Badeverwaltung herausgegebenen „Kleinen Hiddensee-Führer". Und stimmt noch immer; ausgenommen die „Juliwärme", die infolge des Treibhauseffekts nach oben geklettert ist.

Um 1920 das erste Haus am Platz (und vielleicht bald wieder), ein Denkmal jedenfalls der frühen Hochblüte des Hiddenseer Fremdenverkehrs: das Hotel Dornbusch am Hafen von Kloster, ein Wahrzeichen wie der Inselleuchtturm.

Hiddensee
N
0
4 km
nach Warnemünde
nach Saßnitz
Dornbusch
Enddorn
Grieben
Hucke
Kloster
Alt-Bessin
Neu-Bessin
Libben
Bug
Wieker Bodden
Zürkvitz
Bohlen-dorf
Bischofs-dorf
Buger Bodden
Rassower Strom
Fährhof
Fährort
Wittower Fähre
Breetzer Bodden
Vitter Bucht
Vitte
Mövenort
Hiddensee
Vitter Bodden
Fährinsel
Steinort
Rassower Bucht
Vaschvitz
Dwarsdorf
Seehof
Trog
Rother Ort
Neu-holstein
Lehsten
Holsten-hagen
Libnitz
Poggenhof
Tribke-vitz
Hiddensee
Neuendorf
Retelitz
Zubzow
Trent
Schaproder
Plogshagen
Schaprode
Udars
Fischerhaken
Streu
Bodden
Öhe
Rüsensalt
Schafshorn
Freesen
Udarser Wiek
Gellenstrom
Klimphores-bucht
Wokenitz
Grosow
Tankow
Koselower See
Fauler
Markow
Ummanz
Gellen
Presnitz
Böschow
Haken
Haide
Teschvitz
Urkewitz
Ummanz
Liebes
Gingst
Varbel-vitzer Bodden
Kapelle
Waase
Suhrendorf
Volsvitz
Geller Haken
Wusse
Varbelvitz
Gurtitz
Bock
Freesenort
Mursewiek
Groß Kubitz
Lieschow
nach Stralsund
Breite
Klein Kubitz
Haidhof